精进佛七开示录

中国佛学经典宝藏

49

煮云 著

星云大师总监修

人民东方出版传媒

東方出版社

总序

星云

自读首楞严，从此不尝人间糟糠味；

认识华严经，方知已是佛法富贵人。

诚然，佛教三藏十二部经有如暗夜之灯炬、苦海之宝筏，为人生带来光明与幸福，古德这首诗偈可说一语道尽行者阅藏慕道、顶戴感恩的心情！可惜佛教经典因为卷帙浩瀚、古文艰涩，常使忙碌的现代人有义理远隔、望而生畏之憾，因此多少年来，我一直想编纂一套白话佛典，以使法雨均沾，普利十方。

一九九一年，这个心愿总算有了眉目。是年，佛光山在中国大陆广州市召开“白话佛经编纂会议”，将该套丛书定名为《中国佛教经典宝藏》①。后来几经集思广

① 编者注：《中国佛教经典宝藏》丛书，大陆出版时改为《中国佛学经典宝藏》丛书。

益，大家决定其所呈现的风格应该具备下列四项要点：

一、启发思想：全套《中国佛教经典宝藏》共计百余册，依大乘、小乘、禅、净、密等性质编号排序，所选经典均具三点特色：

1. 历史意义的深远性
2. 中国文化的影响性
3. 人间佛教的理念性

二、通顺易懂：每册书均设有原典、注释、译文等单元，其中文句铺排力求流畅通顺，遣词用字力求深入浅出，期使读者能一目了然，契入妙谛。

三、文简意赅：以专章解析每部经的全貌，并且搜罗重要的章句，介绍该经的精神所在，俾使读者对每部经义都能透彻了解，并且免于以偏概全之谬误。

四、雅俗共赏：《中国佛教经典宝藏》虽是白话佛典，但亦兼具通俗文艺与学术价值，以达到雅俗共赏、三根普被的效果，所以每册书均以题解、源流、解说等章节，阐述经文的时代背景、影响价值及在佛教历史和思想演变上的地位角色。

兹值佛光山开山三十周年，诸方贤圣齐来庆祝，历经五载、集二百余人心血结晶的百余册《中国佛教经典宝藏》也于此时隆重推出，可谓意义非凡，论其成就，则有四点可与大家共同分享：

一、佛教史上的开创之举：民国以来的白话佛经翻译虽然很多，但都是法师或居士个人的开示讲稿或零星的研究心得，由于缺乏整体性的计划，读者也不易窥探佛法之堂奥。有鉴于此，《中国佛教经典宝藏》丛书突破窠臼，将古来经律论中之重要著作，做有系统的整理，为佛典翻译史写下新页！

二、杰出学者的集体创作：《中国佛教经典宝藏》丛书结合中国大陆北京、南京各地名校的百位教授、学者通力撰稿，其中博士学位者占百分之八十，其他均拥有硕士学位，在当今出版界各种读物中难得一见。

三、两岸佛学的交流互动：《中国佛教经典宝藏》撰述大部分由大陆饱学能文之教授负责，并搜录台湾教界大德和居士们的论著，借此衔接两岸佛学，使有互动的因缘。编审部分则由台湾和大陆学有专精之学者从事，不仅对中国大陆研究佛学风气具有带动启发之作用，对于台海两岸佛学交流更是帮助良多。

四、白话佛典的精华集萃：《中国佛教经典宝藏》将佛典里具有思想性、启发性、教育性、人间性的章节做重点式的集萃整理，有别于坊间一般“照本翻译”的白话佛典，使读者能充分享受“深入经藏，智慧如海”的法喜。

今《中国佛教经典宝藏》付梓在即，吾欣然为之作序，并借此感谢慈惠、依空等人百忙之中，指导编修；吉广舆等人奔走两岸，穿针引线；以及王志远、赖永海等大陆教授的辛勤撰述；刘国香、陈慧剑等台湾学者的周详审核；满济、永应等“宝藏小组”人员的汇编印行。由于他们的同心协力，使得这项伟大的事业得以不负众望，功竟圆成！

《中国佛教经典宝藏》虽说是大家精心擘划、全力以赴的巨作，但经义深邈，实难尽备；法海浩瀚，亦恐有遗珠之憾；加以时代之动乱，文化之激荡，学者教授于契合佛心，或有差距之处。凡此失漏必然甚多，星云谨以愚诚，祈求诸方大德不吝指正，是所至祷。

一九九六年五月十六日于佛光山

原版序
敲门处处有人应

慈惠

《中国佛教经典宝藏》是佛光山继《佛光大藏经》之后，推展人间佛教的百册丛书，以将传统《大藏经》精华化、白话化、现代化为宗旨，力求佛经宝藏再现今世，以通俗亲切的面貌，温渥现代人的心灵。

佛光山开山三十年以来，家师星云上人致力推展人间佛教，不遗余力，各种文化、教育事业蓬勃创办，全世界弘法度化之道场应机兴建，蔚为中国现代佛教之新气象。这一套白话精华大藏经，亦是大师弘教传法的深心悲愿之一。从开始构想、擘划到广州会议落实，无不出自大师高瞻远瞩之眼光，从逐年组稿到编辑出版，幸赖大师无限关注支持，乃有这一套现代白话之大藏经问世。

这是一套多层次、多角度、全方位反映传统佛教文化的丛书，取其精华，舍其艰涩，希望既能将《大藏经》

深睿的奥义妙法再现今世，也能为现代人提供学佛求法的方便舟筏。我们祈望《中国佛教经典宝藏》具有四种功用：

一、是传统佛典的精华书

中国佛教典籍汗牛充栋，一套《大藏经》就有九千余卷，穷年皓首都研读不完，无从赈济现代人的枯槁心灵。《宝藏》希望是一滴浓缩的法水，既不失《大藏经》的法味，又能有稍浸即润的方便，所以选择了取精用弘的摘引方式，以舍弃庞杂的枝节。由于执笔学者各有不同的取舍角度，其间难免有所缺失，谨请十方仁者鉴谅。

二、是深入浅出的工具书

现代人离古愈远，愈缺乏解读古籍的能力，往往视《大藏经》为艰涩难懂之天书，明知其中有汪洋浩瀚之生命智慧，亦只能望洋兴叹，欲渡无舟。《宝藏》希望是一艘现代化的舟筏，以通俗浅显的白话文字，提供读者遨游佛法义海的工具。应邀执笔的学者虽然多具佛学素养，但大陆对白话写作之领会角度不同，表达方式与台湾有相当差距，造成编写过程中对深厚佛学素养与流畅白话语言不易兼顾的困扰，两全为难。

三、是学佛入门的指引书

佛教经典有八万四千法门，门门可以深入，门门是无限宽广的证悟途径，可惜缺乏大众化的入门导览，不易寻觅捷径。《宝藏》希望是一支指引方向的路标，协助十方大众深入经藏，从先贤的智慧中汲取养分，成就无上的人生福泽。

四、是解深入密的参考书

佛陀遗教不仅是亚洲人民的精神归依，也是世界众生的心灵宝藏。可惜经文古奥，缺乏现代化传播，一旦庞大经藏沦为学术研究之训诂工具，佛教如何能扎根于民间？如何普济僧俗两众？我们希望《宝藏》是百粒芥子，稍稍显现一些须弥山的法相，使读者由浅入深，略窥三昧法要。各书对经藏之解读诠释角度或有不足，我们开拓白话经藏的心意却是虔诚的，若能引领读者进一步深研三藏教理，则是我们的衷心微愿。

大陆版序一

《中国佛教经典宝藏》是一套对主要佛教经典进行精选、注译、经义阐释、源流梳理、学术价值分析，并把它们翻译成现代白话文的大型佛学丛书，成书于二十世纪九十年代，由台湾佛光文化事业有限公司出版，星云大师担任总监修，由大陆的杜继文、方立天以及台湾的星云大师、圣严法师等两岸百余位知名学者、法师共同编撰完成。十几年来，这套丛书在两岸的学术界和佛教界产生了巨大的影响，对研究、弘扬作为中国传统文化重要组成部分的佛教文化，推动两岸的文化学术交流发挥了十分重要的作用。

《中国佛学经典宝藏》则是《中国佛教经典宝藏》的简体字修订版。之所以要出版这套丛书，主要基于以下的考虑：

首先，佛教有三藏十二部经、八万四千法门，典籍浩瀚，博大精深，即便是专业研究者，穷其一生之精力，恐也难阅尽所有经典，因此之故，有“精选”之举。

其次，佛教源于印度，汉传佛教的经论多译自梵语；加之，代有译人，版本众多，或随音，或意译，同一经文，往往表述各异。究竟哪一种版本更契合读者根机？哪一个注疏对读者理解经论大意更有助益？编撰者除了标明所依据版本外，对各部经论之版本和注疏源流也进行了系统的梳理。

再次，佛典名相繁复，义理艰深，即便识得其文其字，文字背后的义理，诚非一望便知。为此，注译者特地对诸多冷僻文字和艰涩名相，进行了力所能及的注解和阐析，并把所选经文全部翻译成现代汉语。希望这些注译，能成为修习者得月之手指、渡河之舟楫。

最后，研习经论，旨在借教悟宗、识义得意。为了将其思想义理和现当代价值揭示出来，编撰者对各部经论的篇章品目、思想脉络、义理蕴涵、学术价值等所做的发掘和剖析，真可谓殚精竭虑、苦心孤诣！当然，佛理幽深，欲入其堂奥、得其真义，诚非易事！我们不敢奢求对于各部经论的解读都能鞭辟入里，字字珠玑，但希望能对读者的理解经义有所启迪！

习近平主席最近指出：“佛教产生于古代印度，但传入中国后，经过长期演化，佛教同中国儒家文化和道家文化融合发展，最终形成了具有中国特色的佛教文化，给中国人的宗教信仰、哲学观念、文学艺术、礼仪习俗等留下了深刻影响。”如何去研究、传承和弘扬优秀佛教文化，是摆在我们面前的一个重要课题，人民东方出版传媒有限公司拟对繁体字版的《中国佛教经典宝藏》进行修订，并出版简体字版的《中国佛学经典宝藏》，随喜赞叹，寥寄数语，以叙因缘，是为序。

二〇一六年春于南京大学

大陆版序二

依空

身材高大、肤色白皙、擅长军事的亚利安人，在公元前四千五百多年从中亚攻入西北印度，把当地土著征服之后，为了彻底统治这里的人民，建立了牢不可破的种姓制度，创造了无数的神祇，主要有创造神梵天、破坏神湿婆、保护神毗婆奴。人们的祸福由梵天决定，为了取悦梵天大神，需要透过婆罗门来沟通，因为他们是从梵天的口舌之中生出，懂得梵天的语言——繁复深奥的梵文，婆罗门阶级是宗教祭祀师，负责教育，更掌控了神与人之间往来的话语权。四种姓中最重要的是刹帝利，举凡国家的政治、经济、军事、文化等等都由他们实际操作，属贵族阶级，由梵天的胸部生出。吠舍则是士农工商的平民百姓，由梵天的膝盖以上生出。首陀罗则是被踩在梵天脚下的土著。前三者可以轮回，纵然几世轮转都无法脱离原来种姓，称为再生族；首陀罗则连轮回的因缘都没有，为不生族，生生世世为首陀罗，子孙也倒霉跟着宿命，无法改变身份。相对于此，贱民比首陀罗更为卑微、低贱，连四种姓都无法跻身其中，只能从事挑粪、焚化尸体等最卑贱、龌龊的工作。

出身于高贵种姓释迦族的悉达多太子，为了打破种姓制度的桎梏，舍弃既有的优越族姓，主张一切众生皆平等，成正等觉，创立了佛教僧团。为了贯彻佛教的平等思想，佛陀不仅先度首陀罗身份的优婆离出家，后度释迦族的七王子，先入山门为师兄，树立僧团伦理制度。佛陀更严禁弟子们用贵族的语言——梵文宣讲佛法，而以人民容易理解的地方口语来演说法义，这就是巴利文经典的滥觞。佛陀认为真理不应该是属于少数贵族、知识分子的专利或装饰，而应该更贴近普罗大众，属于平民百姓共有共知。原来佛陀早就在推动佛法的普遍化、大众化、白话化的伟大工作。

佛教从西汉哀帝末年传入中国，历经东汉、魏晋南北朝、隋唐的漫长艰巨的译经过程，加上历代各宗派祖师的著作，积累了庞博浩瀚的汉传佛教典籍。这些经论义理深奥隐晦，加以书写的语言文字为千年以前的古汉文，增加现代人阅读的困难，只能望着汗牛充栋的三藏十二部扼腕慨叹，裹足不前。

如何让大众轻松深入佛法大海，直探佛陀本怀？佛光山开山宗长星云大师乃发起编纂《中国佛教经典宝藏》。一九九一年，先在大陆广州召开“白话佛经编纂会议”，订定一百本的经论种类、编写体例、字数等事项，礼聘中国社科院的王志远教授、南京大学的赖永海教授分别为中国大陆北方与南方的总联络人，邀请大陆各大学的佛教学者撰文，后来增加台湾部分的三十二本，是为一百三十二册的《中国佛教经典宝藏精选白话版》，于一九九七年，作为佛光山开山三十周年的献礼，隆重出版。

六七年间我个人参与最初的筹划，多次奔波往来于大陆与台湾，小心谨慎带回作者原稿，印刷出版、营销推广。看到它成为佛教徒家中的传家宝藏，有心了解佛学的莘莘学子的入门指南书，为星云大师监修此部宝藏的愿心深感赞叹，既上契佛陀“佛法不舍一众”的慈悲本怀，更下启人间佛教“普世益人”的平等精神。尤其可喜者，欣闻现大陆出版方东方出版社潘少平总裁、彭明哲副总编亲自担纲筹划，组织资深编辑精校精勘；更有旅美企业家鲁彼德先生事业有成之际，秉“十方来，十方去，共成十方事”之襟怀，促成简体字版《中国佛学经典宝藏》的刊行。今付梓在即，是为序，以表随喜祝贺之忱！

二〇一六年元月

目　录

出家班精进佛七记自序

出家班精进佛七，是一九七五年，农历三月十八日开始举行第一次出家班佛七。当时发起人，是在前一年来台东参加佛七的能超法师。那一次佛七，共有三十多人，大多是与能超有关系的同参道友，而且都年轻有为，也都是各佛学院毕业僧。也有由社会大学毕业出家来参加的，因此我不能辜负大家来意，规矩比普通班精进佛七更加严厉些。每天一千拜，我本人因此更苦，不幸我的旧伤复发，腰背疼痛，不拜佛都会痛，何况每天要拜一千拜呢？咬着牙根，每拜一拜都呻吟出声。

因为大家都是各佛寺负责人，来一次不易，我仍然一天三次开示。更因他们都没有住过丛林，都无参学，所以我每次开示，针对出家者讲些修行和参学，还有出家人的规矩法则，我七天的开示佛法的大意，都由台北白马寺住持敬定法师记录下来，就是本书第一篇，共有两万四千多字。其次我要他们来参加佛七的出家二众，各人写一篇佛七心得报告和感想，出一本出家班精进佛七专辑纪念，护七陈明造居士也写了篇护七日记。全书二十多篇，共有十一二万字。去年二月举行第二届出家班佛七，报到的人也有三十多人，曾参加第一届佛七再来报到的也不少，敬定法师的一篇文章就是参加第二届写的。第二次佛七念佛的方法，仿效净宗十祖普仁策公大师的精进佛七，分两班念佛，日夜不断佛声，一向一支香下来休息二十分钟再开始念佛，大都利用这一点时间，可以拜一两百拜，反而习惯而精进，有伸缩性，念佛声不断。拜佛一起拜，不计数目，太刻板了，反而不太习惯。因此今年三月举行第三届出家班佛七，仍然照过去的方法。那一次作为前人规矩之尝试。这本书内容很丰富，可以说多彩多姿，二十多篇的内容，各有千秋。因为有些人附来相片，有的没有相片，十几万字，在物价高昂的今天，出一本书，实在不易，清觉寺更没有余力支出十万八万元经费出版这本书，因此文稿寄来有的已两年多，书还无法印出，有些法师写了文章，要他们参加预约，介绍都没有。

这次我自己整理出版，共有精进佛七的四本书一同出版预约，四本书名是“出家班精进佛七记”“大专精进佛七开示录”“精进佛七日记”“精进佛七感应录”，总书名“精进佛七专集”，为了普及大众，预约价一部书四本，只要一百元，任何人都有此力量预约一部书，可以了解我们精进佛七，六年来一切所讲的开示，以及六年来佛七所发生各种不可思议的感应事件。主七人和主办人所受的酸甜苦辣的滋味，在这些书中都有说明。最后就是出版这部书，也有一番滋味在心头，在经济上、在操劳上种种意外事故的发生，财物的损失，更非三言两语可以说出的。此书能如期印出，我要感谢两位居士，第一是彭立老居士为我奔走，不顾毁誉；第二是游永福居士为我细心校对有始有终，为我分心，不然再过数月也无法与读者见面。封面题字是星云大师所赐墨宝，更使本书生色不少，在此一并致谢！

一九七七年十二月煮云写于凤山佛教莲社忏悔室

出家班精进佛七开示录

煮公上人讲　学人释敬定记

1　佛七前的说明

四月廿九日

各位法师，今天是我们清觉寺，第三十届精进佛七，也是第一次出家班的精进佛七，这是很难得的机会，希望各位珍惜，切莫蹉跎。

当今时局，出家修行，我们只有在战争夹缝中求生存。你们大多数是本省人，没有经过战争之乱，不能知道谈虎色变的心理；经历过的人就知道，战争逃难之苦。

我来说说我本人来台的经过给大家听听：在战争夹缝中生存，难。要想免难只有在战争夹缝中顽强。一九四九、一九五〇年，我在南海普陀山，当时依我的力量是不能逃来台湾的。一九四九年寿冶老和尚等一批人，从普陀山逃到沈家门等船，我住在双泉庵，尘空法师在双泉寺闭关，也随寿冶老和尚到了沈家门等船逃难，双泉庵当家师又把我们接回去。我就阅读藏经，尘空法师仍然闭关。一九五〇年撤退，我本身是个穷和尚，又不知往哪里逃，幸好当时五十四医院的军医院长薛笃生先生跟我很熟，他叫我跟他们一同逃。我想过之后，本决定不逃，只是去向他们送行，但是当我去送行时，他们却催我也要逃。（当时老百姓都不知道此逃难之事，只有军官方面的人才知道。）那时我心想，不知如何走法，他们叫我脱去僧服换上军服，正遇一位火头军，因有家眷不想逃，我就冒充那位火头军之名，参加逃难的队伍。那时我还带了一位小沙弥，所以全普陀山的僧众只有我与小沙弥逃出，我就是在这种情形下逃难来到台湾，也可以说我就在那战争夹缝中能够顽强生存。在今日的时局，也希望大家虔诚念佛，仗佛慈力将来也能再从夹缝中得到正常生存。

2 念佛与拜佛之情形

中午斋堂开示

今天上午念半天佛号，我看有的很虔诚，有的未必然。大家虽然发心来此念佛，看样子有的习惯小声念佛，大多数是你大声念，我就小声念，你小声，我就不开声，念佛应大声念，切勿以怕伤害身体，保护喉咙而不肯开腔。丛林有一句话云：“色身交与常住，性命托于龙天。”念佛应与法器配合，念快法器亦应快，法器打快即应念快，法器打得顺，念佛就会生欢喜心。法器犹如古时的战鼓，可激励士气，使作战的人，拼命打，不顾生命，均以战鼓的声音，来鼓励他们的精神，法器亦然，越念越快，越起劲，更易获得感应。如上届高雄来了十几位老妪，起初他们不守规矩，禁语了还小声地说话，念佛时又不开腔，我就骂他们一顿，后来有位张伯修念佛时，越念越快，声音越大声，结果得到感应，心受感动，而放声痛哭，他人亦受感染，不断大声念。事后他说：虔诚地念佛，整夜不眠，感应来时，他感觉地狱众生之苦，愍念地狱众生，不知念佛，故越想越哭，大家为压住他的哭声，跟着大声念，因念得很虔诚，护法神加持，使大家生欢喜心。

大家少打佛七，故不知道此地的佛七和平常的念佛不同。大家念佛时要与法器合作，有时向法器进攻，有时打法器的向大家发动攻势，打法器者，打得快，大家就自然念得快，念得身心欢喜时，龙天亦欢喜，越念越有兴趣念，念得感觉时间过得太快，那时身心都感舒服，真是有欲罢不能之感。再来继续讲拜佛的情形：

拜佛时要发大道心，不为自己拜，要为一切众生拜，拜佛要观想前面站有十方诸佛，后面为三途一切众生，左边站有冤亲眷属，右边是历劫及现在师长及父母，如此观想，一拜佛则替这么多人拜，功德更大。

提起拜佛我感觉惭愧，人已老了，什么都不行，岁月不饶人，每次佛七我都和大家一样拜，每天八百或一千拜，看大家拜是轻而易举的事，而我则有腰酸背痛之感。尤其这次从弘明寺回来后，旧病复发，腰痛得很厉害，但是仍然要拜，希望大家要生惭愧心，加倍认真地拜佛，莫待老来空悲切。

3　念佛应带感情

中午斋堂开示

诸位念佛时应带着感情念，否则口念心不念，不能与佛相应，不能获得利益。在外面有标语云：

念一洪名哭一声，声声哭向大慈尊，

此回若不归家去，六道何时得脱身？

念佛时内心要深深地想念弥陀佛，就如内心有很大的委屈及痛苦要向弥陀佛哭诉似的，更要怀着很大的希望，乞求弥陀的慈悲，哀怜摄受，以脱轮回之苦。想到这里内心一阵的心酸，自然会向弥陀佛放声大哭。大声地念，应如大事来临，如丧考妣似的，痛哭流泪，如此真实的感情，方与佛相应，灵感才会来，方能受益。

4　古德行谊今人风范

晚上大回向前开示

今天向大家说古德的行谊，和对人的开示。先讲莲池大师，大师为明末四大师之一，明末四大师就是：莲池大师、紫柏大师、憨山大师、蕅益大师，此四大师平生亦均修净土。莲池大师有一本《竹窗随笔》，度化很多人，内有一段文云："我出家后，到处参访，时辩融大师门庭大振，我自京师叩之，膝行再请。师曰：'汝可守本分，不要去贪名求利，不要去攀缘，只要因果分明，一心念佛。'余受教而退。同行者大笑，谓这几句话，哪个说不出，千里远来，只道有什么高妙处，原来不值一文钱。余曰这个正见他的好处，我们渴仰企慕，远来到此，他却不说玄妙，只老老实实把自己体认过，切近精实的功夫，叮咛开示，我至今遵守，不曾放过。"此段开示计有五个重要问题：一、守本分，二、不贪名求利，三、不攀缘，四、因果分明，五、一心念佛。话说来容易，做起来却是不简单。

第一，出家人若不守本分，就会出事。

第二，名利关是最难逃过的，《大乘起信论》云："不求名闻利养。"贪名求利之事，大部分的人利可以不要，名就看不开了，故云此二关难逃。

第三，不攀缘。一般不建道场，不度众者可以。若有心建道场，使道场兴隆，不攀缘，必难以做到。出家人若有与众生攀缘者，对于修行的功夫，就没时间去办了，故大师叫我们不攀缘，一心向上求法。

第四，关于因果问题。古人最重视因果，尤其出家人更重要，所以有施主出钱买砖，不能拿去买瓦，这都是有因果的。

第五，一心念佛。大师的开示教我们如何做人，如何修行，最后还是叮咛我们一心念佛为要务。可想古来大德的经验还是念佛，大师的开示言简意深。

印光大师一生亦劝人老老实实念佛，如果请他老开示，他也不会谈玄说妙。现在的人仍多喜谈玄说妙，与他说老实话，他反认为不值一文钱。如唐朝的白居易参鸟窠禅师，师云："诸恶莫作，众善奉行。"白居易说："此二句话三岁孩童亦道得。"师云："三岁小儿虽道得，八十老翁行不得。"故所听开示，应能切实遵行方是真懂。古德以做人为重要，学问其次，人格高尚，学问才有价值。

莲池大师至今所以能令人皆敬重他，就因他能切实遵行古德之格言；由此可知大师的尊师重道，他人嫌说不值一文钱的几句话，而大师守着终身不违，这也就是古德成功的因素。

再举一个例子：倓虚大师著的《影尘回忆录》，内有一段文，述说大师未出家时所学的经过。倓虚大师四十三岁出家，未出家前，在俗家时，与一般人共研外道，为了好学，大家商议到京城，求更深的法。后来其中一位刘文化要去求法，大家就筹足一百大洋，供其作为往京求佛法的路费，当刘文化去京城请教一位法师，指点迷津后，始知以前所学皆是外道，大家就弃邪归正。当时那位法师，赠送一部《楞严经》。刘文化精研《楞严经》，八年期间才稍有所成；刘文化为研学经文，不管家务，其妻子，都被气死；后又有人与他打官司，官司打输了，亦被气死；八年后，亡魂皆来找他超度，刘文化的超度亡魂是这样的，亡魂站在他的两肩，他用手一抬，亡者就生天了。他能如此的功夫，全靠他八年熟读《楞严经》的功德。此故事有两点：一、佛法难闻，他们为了学《楞严经》，听说营口有一老和尚很有道德，大伙儿一同去请他讲说《楞严经》，那老和尚很惊奇说：经还可讲的呀！他出家数十年，从来也未听说可以讲经之事，这不是笑话，而是事实。

第二点：学佛必须下死功夫，刘文化八年苦读《楞严经》就是如此，人人若能如此者，受益定不浅矣。

5 殿堂与斋堂里的规矩

五月初一早上斋堂开示

在殿堂上通常只许二个半人讲话：一、大和尚，二、纠察师。他们可以大声讲，香灯师与殿主只能小声讲，故说两个半人。在斋堂则大和尚及纠察师可大声讲，行堂师只可小声讲，纠察师负责照顾大殿之法器蒲团，斋堂照顾大家碗筷，因此纠察师刚上任时，即表曰："学人奉和尚命，大殿上照顾大众蒲团，斋堂照顾大家碗筷。"

纠察师若在律下称名"知众"，在宗下称为"僧值"，教下称为"纠察"，名称虽不同，所做之事是一样的。住丛林的人多数会恨纠察师，因纠察师随时可以打人，只要是犯规，就挨打，丛林里挨打之事成为家常便饭。故有人云："穿的是香板，吃的是巴掌。"

说到禅堂，凡入禅堂一切规矩皆由维那师管，一出禅堂，则归纠察师管，悦众师如果在大殿或斋堂犯规，被纠察师打一巴掌，回禅堂后，还要被维那师打三香板，加倍受罚，原因是禅堂住众属维那师的，出堂后给纠察打，没有面子。维那师及纠察师皆由禅堂出身，先由悦众，后升级的，大悦众升为维那师，二悦众升为纠察，他们本是同寮，照理二人应该要好，但是往往不然，二人均为管人而常闹得很不开心。我现在说个笑话：有一次维那上殿，悦众打引磬，应该打时，悦众师没打，维那师骂悦众一声；纠察师听后，不客气地说大殿上哪有你开的口，维那师吃一肚子气，当维那师押磬，该开腔时，维那师不开腔就走出大殿，纠察师一看维那师押磬了不开腔，就说维那师为什么不举腔，维那师说：你说大殿内没有我开的腔，我只有走到大殿外边来举腔。

6　白杨法顺大师语录

晚上大回向前开示

今天再讲一段白杨法顺大师的开示："染缘易就，道业难成，不了目前，万缘差别。只见境风浩浩，凋残功德之林；心火炎炎，烧尽菩提之种。道念若同情念，成佛多时；为众如为己身，彼此事办。不见他非我是，自然上恭下敬，佛法时时现前，烦恼层层解脱。"

六祖云："他非我不非，我非却有过。"大师开示中说："染缘易就，道业难成。"这两句话，说明娑婆世界众生之特质。《地藏经》云："刚强众生，难调难伏，若遇恶缘，念念增长。"染污之缘处处皆有，染缘如火上加油，故道念、善根难增长，道业就难成就。“不了目前，万缘差别，只见境风浩浩”，此意是说凡愚颠倒见，境风是指境界之风，人做不了主，受环境而转，故曰境风浩浩。

我来讲苏东坡与佛印禅师的故事。苏东坡有一天心血来潮，写了一偈：“稽首天中天，毫光照大千，八风吹不动，端坐紫金莲。”写好后自己感觉很满意，就叫老仆人送去禅师处。禅师看后，没说什么，把信纸反面写“放屁！放屁！”四字，再叫老仆人拿回去。苏东坡看老仆人回来，很高兴问：“禅师说了些什么没有？”老仆人回答说：“禅师什么都没说，只是后面写几字，叫我拿回而已。”苏东坡接过来一看，气得怒发冲冠，就不再思考，亲自赶去兴师问罪了。禅师知道苏东坡看后会来找他算账，故吩咐徒弟说：“今天和尚不见客。”而后把门关上，写一张条子贴在门上。苏东坡果真气冲冲地往和尚寮房来，小和尚就说：“今天老和尚不见客。”但苏东坡不管一切，直往禅师寮房闯，至门首时抬头一看，门上贴着一张条子，上写着：“八风吹不动，一屁打过江。”东坡被这句话愣住了，生大惭愧心，回头就走了。

苏东坡所说的八种境界风是什么呢？就是：一、称——称赞，二、讥——讥讽，三、毁——毁谤，四、誉——褒扬，五、利——利益，六、衰——失利，七、苦——痛苦，八、乐——快乐。境界之风是靠忍辱的功夫，才能逆来顺受，故亦不简单。心中之火，炎炎能烧尽菩提之种，是指内之三毒所起之嗔恨心。古云："一念嗔心起，百万障门开。"又如《遗教经》云："嗔恚之害，则破诸善法，坏好名闻，今世后世，人不喜见。当知嗔心甚于猛火，常当防护，无令得入，劫功德贼，无过嗔恚。"

布袋和尚云：

有人骂老拙，老拙自说好；
有人打老拙，老拙自睡倒；
痰唾吐面上，留它自干了；
他也省力气，我也少烦恼。

像布袋和尚的忍辱功夫，就不会烧尽菩提之种。"道念若同情念，成佛多时"，这个情字是障碍往生的大关头，众生若想生西，就必须断情爱。情分为：一、亲情，二、爱情，此二种均是障碍。《四十二章经》云："爱欲莫甚于色，色之为欲，其大无外，赖有一矣；若使二同，普天之人，无能为道者矣。"孔子曰："吾未见好德如好色者也。"关于好色之故事，我来引一段故事大家听听。

洪杨之乱时，有两位书生，一位姓蒋，一位姓楚，两人相约进京赴考。有一日，楚生路经苏州，俗云："上有天堂，下有苏杭。"楚生停泊于一阁楼旁，一天阁楼上有一少女，正端一盆水往窗外泼去，恰巧淋湿了楚生，楚生抬头相望，一见少女，惊如仙女，少女也因泼水歉意，嫣然一笑。从此两人，每天必四目相视，眉目传情。有一日蒋生来找他，见此情形，呵斥楚生，不应为情所误，考期将近，乃一起上京赴考。而后洪杨之乱，各地烧杀劫掠，惨不忍睹，一天蒋生路过苏州旧地，见众人围观一颗东西，切开看内有一艘小船，船上有一年轻书生，蒋生一看即知内情，乃要了过来带回去给楚生。原来那片东西正是少女的心脏，因与楚生一见钟情后，而把楚生的形象形上了心脏，至死不渝。由此段故事可知情念之为害矣。故希望大家念佛，能把真情付出，将阿弥陀佛深深地印在心中，则可往生。相反的，世人均情念重于道念，故文中说："道念若同情念，成佛多时。"

另文云："为众如为己身……烦恼层层解脱。"

人之私心占多，如能为众生像为己身，那彼此之间，就无过节。私心放开，就无他非我是、种种的人我见解，自然而然互恭互敬，人人以大我处世，处处以佛法度众，众生受佛法之熏陶，烦恼减轻，远离尘扰，后必得解脱矣。

六祖说：他人有错，我不错，我有不对却是过失。

7 祛除打瞌睡的方法

五月二日早上斋堂开示

今天讲打瞌睡问题，睡是一种魔，也是障碍修道之大敌。大家虽有爱困的毛病，还好自己能想办法制伏。制睡魔之法有二种：一、自己生大惭愧心，起警觉心大声念佛；二、发觉时就跪下。过去祖师为降伏睡魔，即有制伏不了就把性命牺牲的打算。如妙高禅师，为祛除睡魔，到一山崖上打坐，警策自己，不可打瞌睡，如打瞌睡，即会掉下绝崖丧生。有一次还是打瞌睡，结果掉下去了，到半途有人托住他，把他救上来。他问道：是何人救我？空中答曰：护法韦驮。妙高禅师得知是韦驮菩萨，心里起了我慢心，以为自己很用功，很了不起，感韦驮护法，就问护法韦驮：像我这样修行的人有多少？可是他贡高心一生起，韦驮菩萨就呵斥他说：这点道行有何了不起，竟然生起我慢，我五百世不护你的法。禅师听后，心生大惭愧，可是打坐时，照常打瞌睡，内心自己警策，但是无效，又掉下去了，这下心想完了，不料被人托起，再问而知又是韦驮菩萨，他问道：您不是五百世不护我的法吗？韦驮菩萨答曰：因你一念惭愧心，足以抵过五百世，因此再护你的法。由此可知我们应该生大惭愧心，对治昏沉。

8 禅和子挂单

中午斋堂讲知客师之职事

大陆丛林中分四大寮口，客堂（知客师）、库房（当家师）、禅堂（维那师）、衣钵寮（方丈和尚）。客堂内分有纠察师、维那师、书记师、知客师等等。总之，知客师兼外交及内政，知客师是维那或纠察退休下来的位子。一般大寺院的执事，都希望当知客，因知客师清高有名，每一寮的人，出入大大小小，都要到客堂告假、销假，或诸山长老也要先经过客堂，甚至方丈和尚出去，亦复如此。一般到寺院挂单的禅和子，一定要经过客堂的知客师允许。（台湾当知客师，就像奴才似的。）在大陆的知客师是大得了不起，一般挂单的禅和子，都要经过知客师的审问，这种情形下，常闹出笑话。台湾没有挂单的风气，大陆的禅和子要挂单，但是挂单是不容易的，有时受知客之气。比较老牌的知客师，看到有人要来挂单，就先观看禅和子的脸色，一看就知道是新出家的，或是老参。如果出家不久的，戒疤还在的，知客师就找麻烦骂人，尤其新戒菩萨，知客师骂得更惨。禅和子入堂，向中央佛像问讯，对面坐，行李放在看得到之处，知客师坐在门边，禅和子要坐端正，不可乱望。等知客师查看行李后，知客师要坐下时，禅和子就站起来，嘴里说顶礼知客师，其实不顶礼，只问讯。知客师就开始问，你发心常住哪里，戒堂哪里，戒堂十师哪几个，答不出的就要挨骂。

当知客的有时也被老参玩弄。有一次，一位老参去挂单，先坐在客堂，眼观鼻，鼻观心，正坐等知客师来，知客师听有人来挂单，就到客堂坐上椅子，脚就翘起来，开口就问：哪里来的？老参答：翘脚寺来的。知客师一听，知道自己威仪不对，马上放下脚。又问：你上哪里去？老参答：下脚寺去。弄得知客师脸红耳赤的。

像南海普陀山，海外家风真是三山五岳尽在其中矣！比丘、尼众、道士、道姑、沙弥、沙弥尼、喇嘛，都可以挂单。挂单有个秘诀，要挂单就要穿长衫，不可穿海青。我在金山寺看过一次挂单之事，有一次，有一位老和尚来挂单，知客师出去看，原来是一位老和尚，身穿海青，还戴一顶风帽，知客师以为他是哪一寺的老方丈，一问原来要挂单的，知客师马上将脸板起，就骂他一顿，而后就说把海青脱掉，风帽拿下，一看胡须很长，叫他回去把胡须剃掉再来。又有一次我在普陀山当知客时，有一位明空法师来挂单，我很客气地跟他聊聊，他说他是南京中央大学教授，跟随圆瑛老和尚出家的。

谈后我送他去客房，他对我说，知客师，你对我很好，我不好意思找你的麻烦，我一路上来都跟那些知客师相骂来的。所以说要当知客是不简单的。

9　参学访道之苦

晚上大回向前开示

今晚说些关于参学访道方面的，古云：“访道寻师只为超生死。”过去挂单的禅和子分上下等级。俗云：“上等禅和子一个包，下等禅和子一担挑。”以前出家人都到处去参学访道，年纪轻轻还好，如果年纪大了，又有病就苦了，以前有个禅和子写一首诗云：

访道寻师实可伤，而今病卧涅槃堂。
门无过客窗无纸，炉有寒灰席有霜。
病来方知身是苦，壮时都为他人忙。
老僧自有安闲法，八苦交煎总不妨。

这首诗内容是很可怜的，这位病僧，生病进入如意寮，没有一个人来看过他，这间房子已久了，窗子的纸破了没有再糊，北方冷，故内有火炉一个，但只见寒灰一堆，床上的草席又有了寒霜，证明屋上瓦没有了，如今病了方知病是痛苦的，等病好了身体健壮了，又为别人忙事去了，又忘记修行了。他说好在老僧有个秘诀，能安心，境风交迫也不能妨害他的道心。老僧前四句是触境而发牢骚，五六两句是说一般人，后两句是他的真功夫。自然有好方法来念佛，保持正念，身病心静，故对往生无碍。由这诗看，就知参学访道并非快乐，是很苦的。

倓虚大师曾说过一段故事：故事发生于观宗寺，时谛闲法师任住持，有位同学患肺病，肺肿、出脓血，病情严重，住医院一段时间，又抬回寺，停放在走廊，没有人要照顾，正遇大殿有个山东籍的香灯师，看不习惯就说：你们出家人学什么佛，没人要，我来收留。因此收入他的小寮房，侍候他，时谛闲法师去看，劝病者念佛求往生，而这位同学却说：他不往生，要弘法呢！第二天倓虚法师来看他，向病者说：我有几句话向你说。你病重是否想往生，不然就念观音圣号，拼命地念，尽力地念，菩萨会治好你的病。这同学听后，就尽力地念，念得没力气了，还在念，连续六七天也没有吃东西，只口渴要水喝，还不断地念。第八天醒来时，向香灯师说：我有救了，菩萨开药方要我吃，我已吃完了，肚子很饿，想吃点粥，请你慈悲煮给我吃，但米要洗四次，是菩萨交代的。香灯师真的找一把米来煮给他吃，病者吃到一半，问他你米洗几次，香灯师本性是直爽的人，老实地说我只洗二次，病者听后就大发脾气，大吼大叫地喊，我命苦，身边没有个徒弟，若我有一个徒弟或徒孙，他一定会听我的话，会洗四次的。那位山东佬，听他一说，发脾气大骂：你不知好歹，没有人要，我来救你，现在还骂我不是，你出去、出去，说着就要赶他走。后来还是倓虚法师调解。这个同学的绝症，菩萨治好了，但身体虚弱，住在观宗寺，静养一年余，才去弘法。由此故事可得到二点启示：一、念佛须要尽心，二、须以虔诚之心念佛。大家念佛若能具足此二点，相信阿弥陀佛，在临命终时定来接引我们的。

10 尽力念佛

五月三日早上斋堂开示

今天是佛七第五天，已进入最精彩，又最紧张的状态，大家来此是为念佛而来，并非为吃睡而来的。人自己总是管不了自己，我也是最懈怠的人，我找大家来此打七，是叫大家来管我，而你们必须由我来管，互相管教，互切、互磋、互琢、互磨、互相精进。我看大家有错误观念，以为自己的功课要紧，上殿是大众的功课，就生随便心，经云："大众熏修希胜进，十地顿超无难事。"譬如："一支筷子易断，一大把筷子，就不易折断了。"故古云：大众熏修之力很大，我一向主张尽力量念佛最要紧。善导大师云："念佛是跪在佛前，尽声、尽力念，念到声嘶力竭。"念到声尽，无力出声时方停下来，过一会儿，再大声念下去，再念到声嘶力竭为止，念佛要如大师的方法，应至诚恳切，尽力念佛，才能得大效果。

11 大陆丛林打七之严

五月四日早上斋堂开示

佛七今天已进入第六天，离圆满日越近，大家愈应加紧精进用功。这次出家众的佛七，希望每个人能为自己争个面子。第二十九届之佛七，本来似一盘散沙，但最后成绩也非常的出奇。这次佛七本来要下令严格，看你们有的病得东倒西歪的，也就松点，今天最后两天，大家凭良心用功。

过去丛林打禅七，一打则四十九天，同时又是天寒地冻，那才叫作："色身交给常住，性命托于龙天。"以前大陆在打七中若有人往生，往往把死人送到如意寮，继续参禅。等圆满后再料理丧事，那是常有之事，故禅七之中常出祖师。如金山寺一次禅七中有十八人开悟。常言道："香板底下出祖师。"我们看过去修行人用功之心，应生惭愧心，应尽力去念佛。

12 过堂出食之由来

中午斋堂开示

佛教中吃饭是一件大佛事，吃斋时要披袈裟，在四时供养中（饮食、衣服、卧具、医药），饮食最重要，无论是否有人打斋，统统要披福田衣，更要施食。念供养咒是供佛之辞，结斋是为斋主祝福之辞：“所谓布施者，必获其利益。若为乐故施，后必得安乐。”这四句话实在是佛亲口所说，佛成道后，没有僧宝只有二宝，佛还没有人供养，故天人显示指点商人来供养佛，佛接纳供养后，对商人说这四句祝辞，这就是现在的结斋偈。

又关于施食，出食之事，本是大和尚之事，后来均由侍者代替，但侍者施食完，恐有不周处，故行十方礼，向大众忏悔，以表不周之处。斋堂侍者，在和尚处，取施食，假若和尚不到，侍者则到班首处，班首不在，向维那处取施食之饭，并要分早上、中午、晚上不同之辞。

早上念：法力不思议，慈悲无障碍，七粒遍十方，普施周沙界。唵，度利益莎诃。（七遍）

中午念：大鹏金翅鸟，旷野鬼神众，罗刹鬼子母，甘露悉充满。唵，穆帝莎诃。（七遍）

晚上念：汝等鬼神众，我今施汝供，此食遍十方，

一切鬼神共。唵，穆力陵莎诃。（七遍）

为什么施食时要变食给那些众生吃呢？这些都有来由的。如大鹏金翅鸟，此鸟一展翅有八万四千里，故云“大鹏展翅恨天低”。此鸟食量大，又最爱吃龙，常以龙当食物。海龙王的子孙，被捕得将近绝种之时，龙王为此事而烦恼，没有办法，只好来求如来搭救。如来拿一破袈裟，交与龙王，叫龙王把袈裟撕成丝条，剩下的龙，每只龙角系一丝袈裟，大鹏鸟就不敢吃，果然十分灵验，大鹏鸟因得不到食物，肚子饿，就去找佛陀，佛慈悲向它说：“今后教我弟子施食与汝。”大鹏鸟就说：“施食的米那么少。”佛说：“法力不可思议，慈悲无障碍，七粒遍十方，你吃不完的。”

再说罗刹鬼子母之来由。罗刹鬼子母专吃人家小孩，全城的三四岁小孩，都保不住，等你发现时，她已飞走了，大家为此事烦恼，就求佛解救。佛叫神通第一的目连尊者，去将鬼子母最小的小孩抱来，鬼子母共有一百个孩子，也有说一千子，最疼爱最小的孩子，等鬼子母回来时，发现小孩不见了，到处找也找不到；她心中想：别人不敢，只有佛。故去找佛要孩子，佛说孩子还你可以，可是你要发誓不再食人家小孩。鬼子母云：“不要我吃小孩，叫我吃什么？”佛说我会叫我的弟子施食与你。鬼子母因爱子心切故发誓言不食人子，因为如此，故出食时才念罗刹鬼子母。诸位，出食时要注意，变食真言念完才送食。例如：中午要等念到上供十方佛时，侍者才可取食出食。

13　往生时间短促，要靠力量

晚上大回向前开示

佛七只剩下一天一夜的时间，你们如想带些成绩回去，应拿出力量。如胁尊者，八十岁出家，发愿胁不至席，终于证四果。譬如烧开水，一定要加强火力，要继续地升火，才能很快地煮开。假若早上一把火，等到下午再来一把火，如此烧水难开。这就如出家人要了生死，只做早晚功课，而平时不继续用功，要成佛就难矣。大家这六天来，一直保持暖气，如一曝十寒，则必前功尽弃，应如鸡孵卵，心念在卵，送暖入卵，不使少冷，直到小鸡出壳为止，念佛亦复如是。念佛应大声念，切勿投机取巧，以全力念佛、拜佛始能获益。否则敌不过如须弥山、如巨海般的业力。又如冰块要溶化它，定要用火来烧，念佛修持如此，在社会做事亦复如是。

一般人作恶均是尽力去造，念佛时声小力弱，当然敌不过恶业之力，哪能消业？做功德亦是一样，布施之心薄弱，力量亦弱，就得不到大功德。所以说发心要有力量，更要无相布施。现在来说个有力量的故事。

我家乡南通出一位状元，名叫张謇，又叫张季直。他父亲是个靠收破烂混生活的人，有一天他遇到一妇女拿一包棉花卖他，回去时，夫妻正在整理一天收买的破烂东西，发现棉花内有大头银二十元，那时二十元数目不少了。他就一直想，到底这二十元从哪里来的，后来他想到了那拿棉花换糖的妇人，赶紧把二十元送还人家。外面下大雨，他也不顾，只为人家心急，怕那女人为二十元出事，故不管如何一定要找到。当他找到时，那女人正要上吊，他急着冲进去解救她们，问出原因后，方知不是为这二十元。妇人说，我本打算一死了之，看你老实，故将这二十元送你的。张状元的父亲一定叫她说出要死的原因，那妇人就说："我儿子不久以前死了，这附近有个富人，看中我家媳妇，故自从儿子死后，由于家内没钱，所以一切丧事均由他出资料理。到最近才知道他不存好心的用意，而这二十元就是聘礼，我们共用他六十四元，不能还他，故只有死路一条。富人说：'三天内要娶人。'我们没有钱还账，只有死。"状元的父亲急着说，你们不要死，若要死，等三天后再死不迟。他回家后，将事说明给妻子听，贤惠的妻子，亦很同情，为了救人，乃将自家房子卖掉，只卖二十四元，还不足二十元，不得已再卖掉张姓家祠，卖了二十元，连本来二十元共六十四元，拿去救婆媳二人性命。以后张家夫妻没家可住，张状元出世是在亭子间出世的，张状元当他中状元回家拜祖时，已无家祠可拜。张状元小时很聪明，又会对联，有一次先生说："人骑白马门前过。"张状元答云："我踏金鳌海上来。"故先生感觉他聪明，将来定会出人头地。当张状元十几岁时，功课不及人，理由是每天要在家做事，先生骂他，一千人去考试，考取九百九十九人，落取一人就是你。他把这句话记在心里，回家后，到处写九百九十九，以勉励他自己，后来真中状元。

他是佛教徒，并请太虚大师去南通讲经，为地方不知做了多少事，靠他事业吃饭的也不知有多少万人。菩萨为了修行，任何事都要有牺牲的精神，以此类推就知道，凡做什么事都要有大力量，才有大果报。张状元爸爸如果不是牺牲自己救人，一个拾破烂的苦人哪来状元儿子呢？如偈云："洪钟在架，有扣则鸣，大扣大鸣，小扣小鸣，不扣不鸣。"念佛做善事亦复如是，故在佛七中要得大利益，就要尽大力量。

14　亲见高僧修持用功之苦行

晚上大回向前开示

这是此次佛七最后的开示，所以我就来讲过去高僧大德用功的事，亦可作我们今后的行径。《高僧传》或《净土圣贤录》均说到修般舟三昧的修法，这种修法，亦有比丘尼修持。这种苦行是不睡觉的，这种你们没看过，我在普陀山看过一次。在弘法房有一位陕西的和尚修般舟三昧，弘法房把大悲楼借给他修行，有一次我与妙善和尚去那里，就跟住持商量，让我们看看，当时我们这几个人，可以说小有名气，尤其妙善和尚是大丛林的方丈下来的，也是扬州高旻寺的住持，故特准让我们看，他向我们说，别人是不准看的。

我们在里面看到那个和尚，楼四边的门都锁着，里面用绳子拉起来，他人就在绳子里面转，这种规定要修九十天。唐道宣律师也修九十天，宝华山见月体公也修过，可是这位大德心太大了，他却要修一年半，他说曾经在陕西修过一年半。可惜在普陀山只修四个月就往生了。我们看他时，差不多快三个月了，实在了不起，这种苦行，就是规定日夜不准睡觉，也不准坐下，实在支持不了时，可以伏在绳子上打盹，但稍微感觉惊醒时，就起来经行，一天仅吃一顿一碗而已。普陀山有好些修行的和尚，如寿冶老和尚，他现在住锡在美国，寿冶老和尚之所以成名而轰动一时，就是因为他苦行，他写八十卷《华严经》，都用舌头上的血写。就是把舌头划破，血流到碗里，用毛笔写成的，这种苦不是一天一月的事，要几年写成。那年日本攻打我国，到五台山来，把五台山占据，日本和尚也听闻寿冶和尚的苦行，就要借老和尚的血书《华严经》，寿冶老和尚原本不肯，但迫于当时的形势，只好借给他们，哪知他们拿去后，就带回日本了。但是拿回日本一打开来看，八十卷《华严》一个字也没有，他们自知没有福报，大生惭愧心，又把它原封不动送回来。寿冶老和尚再拜拜佛，文字又出现了。

寿冶老和尚以前住在前山百子堂时，我去拜见他，那时老和尚正在闭关。我跟他闲聊，那时我自己每天只睡四小时，就很高兴，因为与一般人比，总比人强，也很希望别人知道，我就问他：“老和尚，你一天睡眠多少时候？”老和尚说：“睡还是要睡，不过少睡点就是了。”我再问：究竟你一天睡多少小时？老和尚答：我一天睡两个半小时，十二点睡。两点半钟起床，多少年来都是如此。这下我无话可说了，比不过人家。我们要有大修行，才有大名气，福报也跟着来。要大，发心要真切，修行才能勤精进，所以寿老人到哪里，福报也到哪里。

又来说高旻寺的妙善和尚，他是独生子，割爱辞亲，十八岁逃婚出家的。他在高旻寺做三年方丈，又挂印而逃，跑到杭州灵隐寺，不敢在前门当门头，只在后门扫地，当小门头师，怕给人知道认出来。住不久，又有人认得他，又跑到普陀山挂单，到弘法房去，又有人认识他，又想跑，为海所阻，不能随时离去，弘法房当家师，请他去闭关三年，妙善和尚吩咐当家师，不要给人知道。我在普济寺当知客师时正遇他出关，大家请他来供养，出关后大家都知道，到处人都要请客，他又嫌烦，又再到妙峰庵闭法华关，我那时想送他入关，可是他提前封关。

有一天我去找他，问他做些什么事，我会不会打扰你用功呢？他说你不问，我也不知道，现在算算看。我一天拜八百拜（四小时），看《法华经》一部亦四小时，打坐三支香，坐四点半小时，做早晚课两个小时，吃两顿饭两小时，除睡觉还剩三小时，可以和你谈话。这种生活是长年的。我们修行都是短时间的发心，妙善和尚与寿冶老和尚二人时常在教理上抬杠，寿冶老和尚修的是贤首华严五教，妙善老和尚则修天台法华四教，修止观。以上是我亲自看到的事实。

再介绍一位读体见月和尚，读体和尚是半路出家，前修道教，后出家信佛教，为求佛法，不惜辛劳，翻山过岭，一两年内走二万多里路，统统步行，行得鞋子破了，丢掉，赤脚再走，冬天脚生冻疮，有时拿手杖走，有时过小河，全身浸在水里走，有时看经，看到喜爱的，就向他人借笔来抄，那时天气冻得连鼻水流出都结成冰，笔砚亦冻成冰，他就用嘴去温，再抄；寺里的和尚受他感动了，送他些衣服，使他暖和。读体和尚二次修般舟三昧均修成功。（详见《一梦漫言》）你们大家想想，过去的祖师都是如此地辛苦用功，每位祖师用功方法不同，但是各有所长。

今晚讲这些古德修行的方法，是让大家能知所效法，也使大家明了古德修行之苦。比起古德来，我们这次佛七，只七日算得了什么苦行，故希望各位好好自己把握光阴去用功修行。

这次学人参加清觉寺的精进佛七，深庆大获法喜充满。而七日来，更能彻底做到与世绝缘，无烦、无恼、纯善、无恶，真正得到身心的宁静，真是人生难得的机会，令我毕生难忘！

大专精进佛七开示录自序

大专学生的精进佛七，是一九七四年暑假期间举行的。在未举行前两年内，就有不少大专毕业的以及在学的大专生个别报名来台东参加。先是中原理工学院的谭希平去清觉寺参加过两次，一九七三年暑假中有台大的周丽月、政大的王切女、辅大的张伯文三位小姐来参加精进佛七，想不起名字的更多，因此在一九七四年，由谭希平和台大毕业的曾斐卿二位同学，正式在“中国佛教会大专佛学讲座”时宣布，暑假中台东清觉寺，举行两次大专精进佛七的消息，想不到大专学生并不怕吃苦，远从台北各地赶来参加。一九七五年暑假就有三处举办大专精进佛七，有些学生连闯三关，如台大的陈新科，我就看他一个暑假内，三处都去参加。第一瑞芳弘明寺，第二次台东清觉寺，第三台中万佛寺，三处佛七都是我去主七，三次都看到他报到。一连参加两次的更多。

有的从开办以来每届都到，有的参加护七，有的参加佛七，他们真是越打越起劲，因此我对办大专学生暑假精进佛七更具信心。

精进佛七比任何大专活动都苦得多，佛教办大专讲座和暑期夏令营等，都很轻松，在举行期间还有种种娱乐活动，甚至球类比赛、康乐游戏类都有。所以在这些活动中，有不少别具用心的异教徒参加，所以有些人参加了多次，甚至连佛教都不信，更谈不上皈依三宝，做一个虔诚的佛弟子。这样就如同栽树没有生根一样的浮而不实，苗而不秀。很多大专男女青年经精进佛七的苦修后，不但皈依三宝，对佛教深信不疑外，而且有些人发心出家，如文化学院毕业的张璋义、辅仁大学的洪绮君等，有些我记不起名字的大专生，打精进佛七后而剃度出家的很多，无形中提高出家者的知识水准。

精进佛七的修持进步，无论念佛拜佛，都是比赛修行，一期比一期进步，在一九七三年谭希平去打佛七，七天每天一千拜，第六天拜了两千拜，补一二天的不足，这个数目使大家惊异不已，对他都另眼相看。一九七四年大专佛七中吕聪裕拜佛七天，拜佛的数目，第一次一万一千几百拜，第二次一万四千多拜，等同每天两千拜，都拿到第一名。可是到了一九七六年暑假大专佛七，在凤山佛教莲社，拜两万以上的就有七八个之多，现已在承天寺出家的林月娥，拜了两万七千多拜；在台北天母慧济寺，四十个大专生中超过一万拜以上的，就有三十多人，有八位同学拜佛数目超过两万拜，文化学院毕业的董钊慈拜佛数目是两万八千零十拜，是那届大专佛七冠军。这就如世界运动一样，没有自以为他的成就空前绝后，我们精进佛七就是如此，在七天内念佛拜佛，利用时间分秒必争，越精进越能体验出佛法感应和感受“如人饮水，冷暖自知”，越能坚持不退。无论普通班或大专班，凡是参加过精进佛七的人，都希望下次有机会再来参加。

我们精进佛七，也曾出版过三次大专佛七的专辑，那都是大专生自己的心得报告。第一年台东清觉寺，第二年是瑞芳弘明寺，第三年台中万佛寺。这本书的内容，都是在大专佛七中所讲的，共有十六篇，十二万字，由辅仁大学的庄丽华记录最多，其次有中兴大学的江凤凰、台湾大学的李中旺、台湾大学的郭曼丽等同学与智光教师慧严师分别笔记下来，再由圆欣师、陈丽丽等抄录，张心义居士改正校对，以及朱美美、林煌城、杨美玲等同学协助校对，在此一并致谢，并以此为序。

一九七七年五月廿日煮云序于凤山佛教莲社忏悔室

大专精进佛七开示录

1 净土宗历代祖师简介

兴大　江凤凰记

一九七四年寒假弘明寺大专佛七开示

净土三经，说明念佛往生

现在，我们接着把净土宗历代祖师的生平，作一个简单的介绍。

佛教里分的宗派很多，其中以念佛法门最为切要，因而有所谓“三根普被，利钝兼收”之说。

净土宗又名念佛宗，所依据的经典有三经一论，三经是:《观无量寿经》《无量寿经》和《阿弥陀经》，一论是《往生论》。除此之外，其他经典提倡净土的还有很多，这回我带来准备在佛七结束之后，与诸位同学结缘的《净土五经》，其中就有八种之多。

念佛是释迦牟尼佛和阿弥陀佛二人，如同唱双簧似的创举。《弥陀经》是释迦佛无问而自述的，这是一个顿超法门。而释迦牟尼佛住世时，众苦充满。即以我们所处的这个时代而言，看完自身再观他人，而后再与佛所说之法相比照，很容易地便可证明：人生无一不是苦，既不究竟又易遭妒，寿命又极其短暂。同时我们再反过来看，阿弥陀佛所造之极乐世界，顾名思义则知是一个“极快乐的世界”。现在一般人都竭尽所能地在追求繁荣与物质享受，视美国如同极乐世界。其实，若拿美国来与“极乐世界”比，那么距离之远，也是不可以道里计。至于《阿弥陀经》所描述的极乐世界是：

“极乐国土，七重栏楯，七重罗网，七重行树，皆是四宝周匝围绕，是故彼国名为极乐。”且以“黄金为地”，彼世界人民寿命则为：“彼佛寿命，及其人民，无量无边阿僧祇劫，故名阿弥陀。”又：“彼佛光明无量，照十方国，无所障碍，是故号为阿弥陀。”

弥陀释迦、文殊普贤弘扬净土

彼佛寿命无量（故曰无量寿），光明无量，而我们这个世界却是黑暗遍布，命则忽而易逝。释迦牟尼佛宣说此经时，尝尽力表扬极乐世界的美好；而阿弥陀佛在四十八大愿中，则愿愿欲度此苦恼世界的众生，到极乐世界去享福。由此可知释迦牟尼佛和阿弥陀佛二者，一个是述说这人间的炎凉苦态，另一个则是宣扬彼国土的和乐，以一唱一和的方式来度化众生的。《观佛三昧海经》中有文殊发愿偈云：

愿我命终时，灭除诸障碍，
面见阿弥陀，往生安乐刹；
生彼佛国已，成满诸大愿，
阿弥陀如来，现前授我记。

唐代之法照大师，即尝于钵中见五台圣境。发心朝五台时，求见文殊菩萨，请问修行要道，文殊告曰："汝今念佛，今正是时。诸修行门，无过念佛，供养三宝，福慧双修。此之二门，最为善要。我于过去劫中，因观佛故，因念佛故，因供养故，得一切种智。"法照大师又问："当云何念？"文殊曰："此世界西，有阿弥陀佛，彼佛愿力，不可思议，汝当忆念，切勿间断，命终决定往生，永不退转。”由此可证明，文殊菩萨也是念阿弥陀佛，致佛现身授记的。

其次是普贤菩萨，在《悲华经》中曾载：宝藏佛时，阿弥陀佛为转轮王，观音、势至、文殊分别为一、二、三太子，普贤菩萨则为转轮王之第八太子。《华严经·普贤行愿品》则云：普贤菩萨告善财童子等，发十种广大行愿，受持读诵，乃至书写，一四句偈，速能灭除五无间业。临命终时，最后刹那，一切诸根，悉皆散坏，唯此愿王，不相舍离，于一切时，引导其前，一刹那中，即得往生极乐世界。又偈云：

> 愿我临欲命终时，尽除一切诸障碍，
> 面见彼佛阿弥陀，即得往生安乐刹；
> 彼佛众会咸清净，我时于胜莲华生，
> 亲见如来无量光，现前授我菩提记。

所以普贤菩萨因念佛而往生极乐世界之实，由此可见。说到这里，顺便告诉大家一事，即每日临睡前，不妨合掌向西，至诚而念：“愿我临欲命终时，尽除一切诸障碍，面见彼佛阿弥陀，即得往生安乐刹。”这也是多年以来，我每天例行的功课之一。

马鸣、龙树愿生极乐

再过来是马鸣菩萨，据《传灯录》的记载，菩萨出生时，感动诸马悲鸣，又有谓其善能说法，能令诸马闻之而悲鸣垂泪，因之得名。而佛灭度五百年后，外道复兴，菩萨示生东印，广造诸论，显正摧邪，造《大乘起信论》，劝人念佛求生西方。临终时入龙奋迅三昧，涌身虚空，光灿如日，还复本位而取涅槃。《起信论》有云："应当勇猛精勤，昼夜六时，礼拜诸佛，诚心忏悔，劝请随喜，回向菩提，常不休废，得免诸障，善根增长故。"

又云："若人专念西方极乐世界阿弥陀佛，所修善根，回向愿求生彼世界，即得往生。常见佛故，终无有退。若观彼佛真如法身，常勤修习，毕竟得生，住正定故。"因限于时间，只能简明介绍，不再详细解释文义。

至于龙树菩萨，有谓其因生于树下，而得道于龙宫故以名之。出家三个月，遂通三藏，龙王迎菩萨入龙宫，启阅龙藏九旬，未及万分之一，即悟无生，乃还人间，大弘佛教。所著《毗婆沙论》力劝人念佛，求生西方。佛于《楞伽经》中曰："当来南天竺，有龙树比丘，能显中道义理，证初地，往生极乐，彼佛授记。"又有偈赞云："若人愿作佛，心念阿弥陀，应时为现身，是故我归命。"

又:“人能念是佛，无量力功德；即是必入定，是故我常念。”“若人种善根，疑则华不开，信心清净者，华开则见佛。”以上是龙树菩萨信仰净土的经过。

净土宗流传到中国之后，曾经出现不少弘扬净土的人才，其中公认成就较大的，则有十三人。此外，在净土法门修持上，有高深造诣者，实在是不胜枚举。

初祖慧远大师

初祖，晋·慧远大师，俗姓贾，晋北雁门楼烦人，自幼好学，博综六经，尤善老庄之学。廿一岁时，跟随道安（非今之“民国道安”也）法师出家。安师是佛图澄的弟子，这三位高僧对中国佛教曾有很大的建树及影响。

慧远大师自从安师出家后，夜以继日，精思讽诵，其用功的精神，尝使安师叹曰:“使道流东国者，其在远乎。”太元六年（公元三八一年），远师南游至江西浔阳，入庐山立寺，以其诚感雷雨运木，而建东林。并凿池种莲（《净土圣贤录》云:于水上立十二叶莲华，因波随转，分刻昼夜，以为行道之节），因而号为“莲舍”。师于此，日夜集众六时，念佛求生西方，参与之人计高僧大儒凡一百廿三人。居山卅年，迹不入俗，虽帝诏亦不出。远师如此专志于净土的修持，澄心观想之余，曾三睹圣像而均默记不语。义熙十二年（公元四一六年），临命终时，方告其徒众曰：“吾始居此，十一年中，三观圣像，今后再见，吾生净土必矣。”旋而端坐入灭，时年八十三。

二祖善导大师

二祖，唐·善导大师，山东临淄人，于唐太宗贞观年间，因见西河道绰禅师之净土九品道场，而喜曰：“此真入佛之津要。”旋至京师，激发四众，每长跪念佛，非力竭不休。出则演说净土法门。卅余年，未尝睡眠。师尝写《弥陀经》十万余卷，画西方圣境三百余壁。其念佛时，口出光明，后世因称之为“长安光明善导大师”，而从其念佛得三昧，往生净土者无数，常以劝世之偈云：

渐渐鸡皮鹤发，看看行步龙钟；
假饶金玉满堂，岂免衰残病苦？
任汝千般快乐，无常终是到来；
唯有径路修行，但念阿弥陀佛。

这是净土宗用来劝人修行十分流行的八句偈子。目前台北的善导寺是一个净土道场，其命名便是为纪念二祖善导大师而来。

在拙作《佛门异记》十二册里，其中《生死自由品》一书，对于人生死自由之形形色色，有极尽趣味之描述。善导大师临命终时，便堪一绝：

一日，善导大师登上柳树，西向曰：“愿佛接我，往生净土。”遂投身而寂。

三祖承远大师

三祖，唐·承远大师，四川绵竹县人。初事成都唐公，廿四岁时出蜀，至荆州玉泉寺，依兰若惠真剃度，后遵师命定居南岳衡山设教，受其教化者以万计。远师素依《无量寿经》，专修念佛三昧，以教导群生。始居山西南岩之下，筑精舍，号“弥陀台”，仅安置经像，粗食弊衣，精苦修道；若有人遗之以食则食，不遗则食土泥。远近道俗闻之，咸而纷纷来归，并为建堂宇，并蒙德宗赐弥陀寺额。代宗时，其弟子法照谓师有至德，诏而不出，是以天子南向而礼。因度其德之不可征，乃赐其居名曰:“般舟道场。”柳宗元并尝为之制碑，立石于寺之右。贞元十八年七月十九日，远师往生于寺，时年九十一。

四祖法照大师

四祖，唐·法照大师，事迹不详。初时专修禅观，某日于禅定中，往西方极乐世界，见承远大师侍于佛侧而惊悟。永泰年中，登南岳衡山，师事承远，受净土法门，后始修五会念佛之行。

照师慈忍戒心，为世所宗。大历年间，曾于钵中见五台圣境，后远诣五台，观见文殊、普贤二菩萨，授以念佛往生之法门。大历二年夏，复于衡州湖东寺开五会念佛之际，感祥云开阁，睹阿弥陀佛及二菩萨，身满虚空。复于并州五会念佛，代宗在宫中闻念佛声，遣使追寻，乃见师之劝化甚盛，诏入宫中，教宫人念佛，亦及五会，是名为“五会法师”。

五会念佛，第一会平声缓念，第二会平上声缓念，第三会非急非缓，第四会渐急念，均唱南无阿弥陀佛六字，第五会即转急念，只唱阿弥陀佛四字。此为照师之创意，取其由缓入急唱念佛名，可速得三昧入禅定，成就五分法身以为功。

五祖少康大师

五祖，唐·少康大师，俗姓周，缙云县都山人，生而不言。七岁入灵山寺礼佛，母问识否？忽曰：“释迦牟尼佛。”父母遂舍之出家。年十五，能通五部经。

贞元初，诣洛阳白马寺，见善导大师之劝修净土文放光，遂祝祷曰："若净土有缘，乞更放光。"言毕，光明更盛，因至长安光明寺善导和尚影堂瞻礼，忽见导师身现空中曰："汝依吾教，广化有情，他日功成，必生安养。"后往新定弘法，乞钱诱小儿念佛，每念一声，则予一钱。岁余，凡男女少长见康师者，皆云："阿弥陀佛。"致念佛之声盈道，遂于乌龙山建净土道场，集众念佛，所化三千多人。每逢升座高唱佛名，唱一声佛，大众则见一佛自其口出，十声则有十佛，若贯珠然。贞元廿一年，临终放光数道，寂然而逝。

六祖永明大师

六祖，宋·永明延寿禅师，钱塘王氏子，字冲元，少诵《法华经》。文穆王时尝知税务，多以官钱（公款）买放生命，罪当死，临刑则神色不变。被释后，依四明翠岩禅师出家，复参学于天台德韶国师。曾于禅定中，见观音以甘露灌顶，遂获辩智。著《宗镜录》百卷，又作《万善同归集》，倡唯心净土，曰："唯心净土者，了心方生。"宋建隆二年受吴越忠懿王之请，住永明寺，赐号智觉禅师，广化徒众。师日课百八件佛事（主要有：受持神咒、念佛、礼佛、忏悔、诵经、坐禅、说法等），夜则往别峰念佛。行道念佛时，旁人时闻天乐鸣空。尝诵《法华经》积一万三千部，忠懿王叹曰：“自古求西方者，未如是之专切也。”乃为建西方香严殿，以成其志。

开宝八年二月廿六日，师晨起焚香告众，趺坐而化，年七十二。

后有自临川而来之僧，经常绕其塔行，人问其故，告曰：“我病入冥，见殿左供僧像，冥王朝夕礼拜，因问其人，则告我：‘此杭州永明延寿禅师也，凡死者必经此处，此师生西方上品矣。’”此外，永明延寿禅师曾作参禅念佛四料简偈，主禅净双修之要。偈云：

有禅无净土，十人九蹉路；阴境若现前，瞥尔随他去。
无禅有净土，万修万人去；但得见弥陀，何愁不开悟？
有禅有净土，犹如戴角虎；现世为人师，来生作佛祖。
无禅无净土，铁床并铜柱；万劫与千生，没个人依怙。

七祖省常大师

七祖，宋·省常大师，字造微，俗姓颜，亦为钱塘人。七岁即出家，十七岁受具足戒。

宋淳化中，住西湖昭庆寺，因慕庐山之风，谋结莲社。刻无量寿佛像，刺血而书《华严·净行品》，更易莲社之名为“净行社”。率众念佛，时与会者有宰相王文正公及士大夫等百廿三人，皆称净行弟子而礼敬之。天禧四年（公元一〇二〇年）正月十二日，端坐念佛有顷，唱曰：“佛来也。”遂泊然而化，大众见地色皆金，历时许久方隐，时年六十二。

八祖莲池大师

八祖，明·莲池大师，名祩宏，字佛慧，号莲池，杭州仁和沈氏子。年十七补诸生，于乡里素以学行著称。卅二岁时，依性天和尚出家。隆庆五年，乞食于云栖，见其地山水幽绝，有志于此终老。而云栖山民，由来每多苦虎患，及师栖止后，每日诵经施食，患遂除。某岁苦旱，居民固请祷雨，师以无德辞而不成，乃率众循田念佛，雨竟随足之所至狂注，众悦而相与庀材造屋，于是化道大盛。

师平日力主以念佛法门统摄三根，弘扬净土，痛斥狂禅。著有《阿弥陀经疏钞》。神宗万历四十年六月，遍辞缁素。七月朔夕，入堂曰：“明日吾将行矣。”次夕，众请留嘱，则云：“老实念佛。”西向念佛坐化，年八十一。

九祖蕅益大师

九祖，清·蕅益大师，名智旭，字蕅益，俗姓钟，吴县人。乃父持白衣大悲神咒十年，某日梦大士送子而生师。

师少以圣学自任，著书辟佛，凡数千言。及阅莲池大师之《竹窗随笔》，始悔悟而自焚论著。年廿四出家，闭关于吴江，罹病将死，遂从而专修净业，归老于灵峰。毕生著述宏博，临终命弟子焚其尸骨，以屑和面而分施禽鱼，结西方缘。往生三年后，启棺而视，发长覆耳，面貌如生。门人不忍从其遗命，乃为建肉身塔于灵峰。目前台湾僧众之中，唯汐止慈航法师，圆寂后五年开棺，亦是肉身不坏。

旭师生前，主张要到一心不乱境界，最初应从数珠下手，日久纯熟，则不念自念，然后记数与否，皆可自得其三昧。

十祖截流大师

十祖，清·截流大师，名行策，字截流，俗姓蒋，宜兴人。廿二岁出家，五年之间，胁不及席。

康熙二年，住杭州法华山，雨溪河渚之间，专修净土。曾著《劝发真信文》，阐明心、佛、众生三无差别之道。若人欲归净土，需先发真信，继而专念佛名求生彼国，自可感应道交。此外，师又曾发起精进七期，谓持名可使一心精进。康熙廿一年七月九日示寂，时年五十五。

师归西日，值有孙翰及吴氏子病亡，一昼夜复苏，各曰："吾为冥王勾摄，系阎王殿下，忽见光明彻地，且香华漫空，冥王伏地迎西归大师，吾视之，即截公。吾以师光所照，遂得放还。"

十一祖省庵大师

十一祖，清·省庵大师，名实贤，字思齐，号省庵，江苏常熟人。少不茹荤，七岁出家，廿四岁受戒。

师尝于真寂寺掩关勤修，日阅藏典，晚课佛号。三年后，辩若悬河。诣礼阿育王塔时，感舍利放光，遂撰《劝发菩提心文》，诵者每多感而泪下。晚年居杭州梵天寺，结莲社而专修净业，率众念佛。雍正十一年冬，预示西归之期。次年四月十二日，告其徒众曰："十日前已见佛，今再见矣！"侍者请留偈，语之曰：

身在华中佛现前，佛光来照紫金莲；

心随诸佛往生去，无去无来事宛然。

十四日，西向合掌连称佛名而逝，年四十九。

十二祖彻悟大师

十二祖，清·彻悟大师，名际醒，字彻悟，号纳堂，又号梦东，俗姓马，京东丰润人。廿二岁出家，后住持北京万寿寺，竭力提倡净土，声驰南北。晚岁，退居红螺山资福寺，归者愈众，旋而成一净土道场。嘉庆十五年，预告归期曰："幻缘不久，虚生可惜，宜各努力念佛。"十二月十七日，蒙佛接引，念佛坐化。时异香满室，荼毗舍利百余粒，年七十。

十三祖印光大师

十三祖，民国·印光大师，俗姓赵，名圣量，又号常惭，陕西郃阳人。卅岁于圆光寺出家，历居终南、红螺及普陀诸峰。清末之际，出家三十余年，不喜与人往来，亦不愿人知其名，以期昼夜弥陀，早证念佛三昧。一九一二年，居士高鹤年取其文数篇，刊入上海《佛学丛报》，署名常惭，逐渐以名闻。

一九三〇年，创立灵岩净宗道场，教人以伦常因果为根，念佛生西为志。平素自奉甚俭，厚以待人。凡善男信女供养香敬，悉皆代为广种福田，用于流通经籍与救饥贫。又广赈灾患，设慈幼院，并讲法于监狱。而师之慈悲且及异类。一九三〇年（七十岁）赴苏报国，宿地臭虱孳生，弟子恐师年老不堪其扰，屡请人入内代为收拾，皆被峻拒。且自责无德，未能使虱虫离身。至一九三三年，臭虱忽然绝迹，师亦不以语人。近端午，弟子念及复询，师答曰："没有了。"弟子以其年老眼花，坚请入内查看，确已了无踪迹。

师复曾印佛书五百部，佛像百万余帧。一九四〇年十一月四日，往生前告弟子："净土法门，别无奇特，但要至诚恳切，无不蒙佛接引，带业往生。"于灵峰念佛堂坐化，火焚后卅二齿全存，得五彩舍利数千，世寿八十，遗著百万言，皈依者廿万人。

2　八关斋戒

辅大　庄丽华记

一九七四年暑假清觉寺大专佛七开示

佛学与学佛

各位同学，今天是我们第二十五届精进佛七，也是清觉寺两年以来第一次专为大专同学所举办的精进佛七。你们各位平日在学校里，或是在佛学社里，除了读书、求学问之外，对于佛学的认识，大都是以学问来研究。佛学——讲佛法的一种学问。现在你们到这里来，除了要认识佛学之外，还要学佛。佛学与学佛，文字虽然相同，但其意义的差别却很大。所谓佛学者，是一种讲佛法的学问；而学佛者是学佛所学，行佛所行，亦即是学佛的行为和心性，心量和果证。

“心、佛、众生，三无差别”，这心、佛与众生三个，看来好像有差别，实际是一体的。但为什么众生是众生，佛是佛呢？现在我告诉您们，经典说佛有三身、四智、五眼、六通，以及种种神通妙用。而我们众生却在六道中轮回，受种种生死苦恼，是一点光明神通都没有的。所以众生是众生，佛是佛，那么为什么又说佛与众生是一体呢？所谓“迷是众生，悟则佛”，就是这个道理，成佛与众生只在于反掌之间而已。因此我们要返本归原，要归向佛，就需要学佛念佛。念佛的念字是“今心”，就是今天的心，你抓住今天的心，念念不离，念兹在兹，朝如此，夕也如此，颠沛造次皆不舍离，就能与佛相应。中峰国师说“念佛既从心出，结业岂属外来，须臾背念佛之心，刹那即结业之所”。意为念佛是从自己心里发出来的，我们造罪过也是从自己心里发出来的。假使须臾的时间不念佛，就是随时造罪结业的地方。我们人的心是妄想纷飞的。禅宗古德说："念佛心即佛，妄念即凡夫。"凡圣都在于我们一念之中。我们原本是佛，只要时时刻刻念佛，不要离开，就不会造业。念佛是佛心，不念佛就异心，有了异心，就会产生种种心，譬如念畜生就是畜生心，念魔即是魔心。因此我们应该好好控制心性。

平时大家只听佛法，而没有真正用心性来念佛。明明知道"万法皆空"，也了解我们与佛是无差别的。但却不能达到与佛相应的境界。主要原因是我们妄念纷纷，因此要能与佛心相应，就得自己下一番功夫把心性念成佛性，我们是颠倒的凡夫，以假为真，认贼为父，《楞严经》上说："譬如澄清百千大海，弃之，唯认一浮沤体，目为全潮，穷尽瀛渤。"这说众生的颠倒无视于百千的大海，而抓住海中的一个小水泡，就认为这是整个的大海，事实上，我们与佛同样是心包太虚，量周沙界的。虚空是地、水、火、风、空、境、识，七大组合。这些都在我们的心性之中，可是凡夫却舍此而反认假色身为真，并且时刻执持不放，执着为我，有了我之后，就产生我所，这是我所有的，我的东西，我的财产，我的儿女，我的……然后样样都占为己有，因此不能翻身，而成为苦恼的凡夫。

我们的本性与阿弥陀佛，原是一体。阿弥陀佛是无量光、无量寿之意。彼佛何故号阿弥陀？世尊在《弥陀经》上自己解释说：“舍利弗，彼佛光明无量，照十方国，无所障碍，是故号为阿弥陀。又舍利弗，彼佛寿命，及其人民，无量无边阿僧祇劫，故名阿弥陀。”从这一段文中，我们可以知道阿弥陀佛的光明与寿命是无量的，而我们的光明与寿命也是如此。只是我们凡夫颠倒，自己害了自己，非但光明没有了，连寿命也是短短几十年的光阴，而且死后不一定还能做人，可能投入牛胎马腹，变牛变马，都不知道啊！所以如来说为“可怜悯者”，这是很可怜的事啊！

大家在暑假期间难得的是不去登高山、下海洋做刺激的活动，可见是很有眼光的，因为这些事情都是向外驰求的，纵有所得，也是幻化非真，到这里来是向内求，借着拜佛念佛把自己心性显露出来。经中说“念佛一声，能灭八十亿劫生死重罪”，我们一天念数万声佛，不知灭了多少罪了。“礼佛一拜，福增无量。”你们一天至少拜八百拜乃至一千拜以上，也不知增加了多少福德。这些都是你们自己求得的。任何人都分担不了，清觉寺举办精进佛七，不做一般的消灾超度法会，主要是希望你们能自己超度自己，自己替自己消灾。能念多少佛，拜多少佛，常住没有一个人要你们的，完全是你们自己所得。

人间皇帝与龙王

今天早上，你们受了八关斋戒，关于这个戒，早上已约略地跟各位讲过，现在再详细地与各位谈谈。以一般情形来讲，听佛法的人有两种，一种是喜欢听理论的，一种是喜欢听故事，关于八关斋戒，故事与理论都不少，现在先来讲个小小故事。

佛陀在世时，有一次正在讲经，忽然天上下来两位光明耀眼的天人，其光明连现凡夫身的舍利弗、目犍连眼都被照得睁不开，这两位天人向佛问法后礼拜而去，舍利弗等就请问世尊，刚才这两位是什么人，为何他们身上的光明如此强大？此时世尊就讲了一个故事：远在迦叶佛灭度后的末法时代，有两位婆罗门发心受佛教的八关斋戒，在受完戒回家后，其中有一位年纪较大并已有妻室儿女的婆罗门，就跟他太太说，我早上受了佛教的八关斋戒，今天晚上不吃饭的，并且要断淫欲，不能与太太同房。他的太太听了之后就大发雌威说："你是个婆罗门教徒，却跑去信佛教，已是叛教了，又去受佛教的戒律，说什么要守佛戒，我绝对不准许你做。你今晚若不吃饭，不按照平时的生活，我就去告诉婆罗门长老，举发你的叛教，请他们治你的罪。"这个人就因为如此不敢守戒了，当晚照常起居生活，于是受完戒未经一日一夜就破了戒。另一个年纪轻的，没有家眷的婆罗门，他守了戒。受八关斋戒的果报一定升天的，那个年纪较大的婆罗门因为破了戒不能升天，而年纪轻的，守了戒，但他不要升天，发愿来世做国王。果真来世他做了一呼百应，享受荣华富贵的国王。

接着，事情又发生在他当国王这一生中。在他住的皇宫里面有御花园，其中有很多奇异的果品，有一天整理果园的园丁去挑水时，在水沟里面发现一种奇异的水果。这种水果色香味美，从来没有见过，是顺着水流来的，捡起来自己舍不得吃，拿去送给管他的上司——园监，希望送点人情给园监，以后不找他的麻烦。接过水果的园监也舍不得吃，就把它送给太监（守宫门的），因为他每次送水果进皇宫时，守宫门的太监都找麻烦。所以这次他就把这人间少有的水果送给太监，同样道理，小太监也希望升做大太监，于是就把这珍奇的水果送到正宫娘娘手里，皇后也希望得到皇帝的宠爱，就把这珍贵的水果留下给皇帝吃，当然，皇帝就吃了。

皇帝吃后，觉得太好吃了，不知道是种什么水果，就问皇后这个水果哪里来的，皇后说：“不知道啊！是太监送给我的。”就把太监找来问，太监说是园监送的，园监说是园丁送的，最后园丁来见驾了，国王就跟他说：“那水果太好吃了，从今天起，你每天要送一个进来。”园丁跪下来说：“陛下！这是顺水流来的，我们果园里，没有这种水果啊！”国王说：“那不管，假如明天你没有果子给我吃，就杀你的头。”这事可真要命啊！俗语说：“伴君如伴虎”，跟皇帝在一起动不动就要杀头的。

结果园丁回家后，心想自己死了倒也罢了，可是堂上还有老母待养，自己一旦死了，老母无依无靠一定要饿死的。愈想愈伤心，就大哭起来，他那么一大哭，真可说是孝感动天。忽然有个人现身，手上拿着这种奇珍水果，跟他说：“你哭什么？你是否需要这种水果？”园丁见这水果，高兴得不得了说：“我正为这个东西烦心，皇帝不讲理，要杀我的头，我没地方找这种水果。”这个人就说：“没关系，我有这种水果，你拿去给皇上吃，不过有个条件，请你对皇上说，我交代你几句话对他说，限他三天之内，要交出一本《八关斋戒经》给我，否则我对他不客气，我可以翻江倒海把他的城池淹没。”隔天园丁带了水果进宫，皇帝一见到这水果，高兴得很，拿了就要吃，“慢着！”园丁说，“这果子不是我的，是别人送的，他要我带口信给皇上，限定皇上在三天之内交出一本《八关斋戒经》，否则他要摧毁你的城池。”

这个人是什么人呢？就是那个犯了戒的婆罗门。因为他受过八关斋戒，有功德，所以死了以后投生为龙，做了龙神，龙是畜生中最高贵的，但是无论如何，它是畜生，不是人，苦恼远比人大。

《八关斋戒经》《十二因缘经》

皇帝听到这话，果子也吃不下了，马上召集大臣开紧急会议。结果，大家都束手无策。皇帝只好派宰相在三天之内找出《八关斋戒经》，如果三天内不能找出来，要杀宰相头。这下宰相可烦恼了，那时的末法时代比现在的末法时代还要糟糕，我们末法一万年到了最后还有一本《弥陀经》度众，而迦叶佛的末法，不但没有佛法，也没有经典。

宰相回家后，正愁到何处寻找经本时，他父亲看到了，就问他今天朝中发生了什么事？儿子就把情形告诉父亲。他父亲听了，想了想说："很奇怪，这几天，我们那栋旧房子里边的柱子一直在放光，里面可能有东西，我们权且死马当活马医，打开看看，看是否能碰碰运气。"于是就找人来把柱梁拱柱换下来，劈开时，里面竟滚出两本书来，一本是《十二因缘经》，一本是《八关斋戒经》，经本找到了，宰相也就有命了，当然赶紧拿去呈给皇上，皇上得到这本经，胆子就壮了，不再害怕了。

消息传出去后，龙王就现人身，来跟皇帝讲话了："你因有隔胎之迷，故无法记起前生事情，在此生之前，我们是朋友，一同信仰婆罗门教，有一天一起受了佛教的八关斋戒，但是我有家庭，太太强迫我破戒，因而遭堕。你虽没破戒，却发愿做人王，只享眼前的荣华富贵，而把道心都埋没了，现在很不容易地得到《八关斋戒经》，不能再错过这个机会了，我们两人再受八关斋戒吧！”因此他们两人重新再受八关斋戒，因受八关斋戒，所以死后双双升天，又因有这段特殊的因缘，所以功德很大，光明也就特别大。到了释迦牟尼佛出世说法时，这两位天人又到人间来听佛说法，同时，也由此而得到真正的解脱。

由这个故事，我们可知八关斋戒的重要性。佛在世时现八相成道，八相中有个降魔，那个魔王就是因他前世曾受了八关斋戒，有功德，死后才生天做了魔王的。由此可知受八关斋戒的功德升天，但升天是不究竟的，所以今天你们受完八关斋戒后，我还要忙领着各位发愿生西方极乐世界。

八戒功用不同

八关斋戒同五戒有何不同？五戒是终生制的，就是因终生制，难免会懈怠，会有触犯之时，而八关斋戒是一天一夜制的，过了一天一夜就废除了，在这段时间中精进用功，无论有多大的苦也只是一天一夜而已。但是一天的功德特别大，所以戒本也说这是“解脱根本，成佛正因”。譬如：中东战争，以色列的戴扬将军一炮而红，其他的将军干一辈子还是默默无闻，虽然当将军的责任同样是打仗，但是戴扬将军却能在短短的六天之内把埃及的空军毁了。八关斋戒也是一样，时间虽短，功德却很大。

八种戒的功用各有不同，前面四戒是戒分，大家都知道“杀、盗、淫、妄”的本性就是罪，本性就应该守的。非但如此，佛教戒律、国法如此，全世界的法律也是如此。杀人、偷盗、奸淫人妇、欺诈巧骗都是犯法，所以，这四种罪是属于性罪，本来就不能做的。其中的淫戒在五戒中只是不邪淫而已，但在八关斋戒中是全断淫欲，这一点必须注意。第五是不饮酒戒，酒的本身原本无罪，但是饮酒会乱性，能破坏前面四种戒，所以属于不放逸分，应该戒除，必须这么做才能精进修持。第六，不非时食。七，不华鬘庄严其身及歌舞戏等。八，不坐卧高广大床，是出家戒。不非时食，就是过午不食。佛是过午不食的。设立八关斋戒的目的，就是在家人能短期遵守出家戒。所以后面三戒是属于修分，必须时时遵守，专心修行，精进用功。

八戒增上功德

受八关斋戒有什么希望呢？古人有八句话可以说明：

凡愚颠倒见，苦窟作欢场，
五蕴是枷锁，六门惹祸殃，
净行持一日，斋戒放千光，
此去生天捷，当来出世偿。

前四句是说未受戒的情形，后四句是说受过戒的情形。“凡愚颠倒见，苦窟作欢场”，是说愚昧的凡夫思想见解都是颠倒的。所谓颠倒即是以假为真，认贼为父，把“苦、空、无常”认为“常、乐、我、净”，不管男女老少都是以苦为乐，在苦中作乐，而乐极生悲。本是空的，凡夫误以为真，本是无常，误以为永久。譬如人的寿命只有几十年而已，死是必然的事，但是凡夫天天看到别人死了，偏偏以为自己不会死的，我们的身体是四大五蕴假合的，根本“无我”，但凡夫执着有“我”，天天拿物品来装饰它，这些都是颠倒。所谓“五蕴”，即是“色、受、想、行、识”等，有五阴含盖障之意，所以说五蕴皆枷锁，就是把我们的光明、智慧、菩提功德、法性都遮盖了。有句话说：“六门惹祸殃。”六门即是眼、耳、鼻、舌、身、意等六根，它们不停地攀缘六尘外境，惹出各种贪恋之心，而起惑造业。因此大势至菩萨说“都摄六根，净念相继”。修行之人，应把六根门头关起来，六根中眼耳根最利，眼见色，耳闻声都易动心。你们到这儿来，可说把六根门头关起来了，眼所见不是佛像，就是花草树木，耳所听到的声音不是磬声、念佛声，就是鸟声、流水声。我们若受八关斋戒又如何呢？“净行持一日，斋戒放千光。”若以清净心去受八关斋戒，经过一天一夜，那功德很大，可发出千种毫光。“此去生天捷，当来出世偿。”死后还直接生天，若升天之后，能知道发愿往生西方极乐世界，那就出世了。

六斋日之来由

再说八关斋戒为何有六斋日呢？即初八、十四、十五、二十三、二十九、三十（月小是廿八、廿九日）这六天。在印度释迦牟尼佛未出生前，婆罗门教就有这种传说，他们认为这六天是鬼神搅人，疾病、凶犯、灾疫发生的日子。为了避免这些灾害，就在这六天整天不吃饭，一日不食为斋，认为如此即可避免灾患。后来释迦佛出世，出来传教，看到这种情形，他认为不对，叫大家跟他学过一天一夜出家生活。在此六斋日持清净戒，做善事，自能趋吉避凶。因此当时有很多人，就跟着佛陀学习出家生活。又一说：这六日天神下界来巡视，初八、二十三是天帝派他的使者下凡，十四、二十九是派他的太子下凡巡察，十五、三十是护世四王自己下降人间来巡视善恶。天龙八部是护持道场的，他们也护持善人。因此在这六天最好能做善事，持戒、念佛、吃素、放生。天神看人间为善，就会起欢喜心，所谓“天道何亲，唯德是亲”。天人只把有道德做善事的人，当为他的亲人，这就如同卫生所和警察局每月有几次巡查清洁一样。事先通知查哪个地域，大家就赶紧洗呀刷的弄得很清洁。帝释天（即玉皇大帝）曾说过一首偈：

六日神足月，受持清净戒，
是人寿终后，功德必如我。

就是赞叹受持清净戒的人，死后功德同他一样大。

受八关斋戒不一定要到哪位法师面前受，根据佛经，八关斋戒可在五种人面前受，即比丘、比丘尼、沙弥、沙弥尼、式叉摩那（女的出家，预备受戒的）。尤其现在台湾佛寺很多，男众可到佛寺去受戒，女众可住到佛寺里一天一夜。八关斋戒已简略同各位讲过了，不要再以为晚上不吃饭，就是守了八关斋戒，它除了八戒里面还有六念，要通通具足，才是真正守八关斋戒。

所谓六念，即是念佛、念法、念僧、念戒、念天、念施。外以八戒来禁身口，内以六念束其心意，不可以须臾之间，离开纯善本心，因此在外边持八关斋戒很难，可是在这里每天日夜念佛、拜佛，没有时间去打妄想，起恶心，一天一夜的持戒功德，就不可思议，何况一连持戒七天呢？今天开示至此，开始念佛回向。

3　生死事大

台大　郭曼丽记

一九七五年暑假台中万佛寺大专佛七开示

各位同学：今天是大专精进佛七第四天，我们知道："人身难得而易失，良时易往而难追。"无量劫来流浪生死，实可悲痛；这次各位同学能依众缘和合而到此来修持，诚属难得。佛说诸法，依之皆可了生死，尤其是净土法门，三根普被，易行易成，但若要克日成功，还要看各位的功力。

修持三要

我们修行有三先决条件：

（一）放下：我们修行要能提得起放得下。如果放不下，我们做什么事都做不好，何况是修行？倓虚老法师的口号："看破、放下、自在。"此六字便是我们所该用功的，懂得一切均虚妄不实的，变幻无常的，但是却没有放下便等于没有看破，要修行必先看破才能跳得过，若不能看破就跳不过。

先说个小故事把大家兴致提起来再讲旁的。在唐朝有个山东人姓张的，五代同堂，年高德硕，寿年百岁而有钱，名望高，很能忍受，很看得破也很放得下，他能忍一百桩事情，所以他的堂名叫"百忍堂"。曾经他已忍过了九十九桩事，还有最后一忍合一百忍。有一天他第五代孙儿结婚，家中亲朋临门，热闹非凡，忽然来个和尚化缘，张百忍说："你要化什么？"和尚答道："我什么都不化，只要一样东西，你能否给我，要看你的忍耐力。"张百忍说："我什么都能忍。"和尚说："我不要旁的，只要你孙子的新娘初夜让给我睡。"第一天让给和尚真是笑话，亲戚朋友吼呀叫呀的很生气。张老先生要大家不要冲动，回头对那位和尚说："等我考虑。"这实在是忍无可忍的一件事。张先生在房内踱来踱去讲："看得破，跳得过，看得破，跳得过……"最后决定忍下去。于是叫五代孙来，告之："……此事实在不好启齿，可是忍下百忍，将来张家很有名望，有大成就，你愿意将新娘的初夜让给和尚吗？"小孙儿也很为难，但是古代"君叫臣死臣不敢不死，父叫子亡子不敢不亡”。何况老祖宗呢？也就决心成就老祖宗心愿，将今晚的亲事让给了和尚。和尚进入房中并没有非礼，看也不看新娘，只叫着“看得破，跳得过……”新娘也不知怎样回事也没话讲，自个儿睡了！

第二天，清晨，她还未起床，家人叫门想知道到底和尚做何坏事。结果发现和尚已不见了，问新娘道：“和尚哪儿去了？”“没有啊！我也不知道，我睡了！”“他是否说些什么？有什么行动吗？”“有啊！他一直讲‘看得破，跳得过’。”“呀！这和尚奇怪哩！”这老祖宗似乎已明白究竟了！大家在房内查看，见一个金人在床上。任何事都没有发生，而且更增添了财富，这件事说明了要能看得破，放得下，才能跳得过。

现在看不破的事太多，所以什么事都放不下，处处有所痴迷、罣碍，于是乎有罣碍便有恐怖，而不能成就道业。《心经》上讲：“无罣碍故，无有恐怖，远离颠倒梦想。”这些颠倒梦想都是看不破，放不下，这里也害怕，那里也畏惧，又要畏惧自己的身体，又要畏惧自己的财产，结果什么都放不下。我们修行要有所成功，一定要咬着牙，要能忍人所不能忍，行人所不能行。过去有个行婆（禅宗修行的老太婆）是炸油条的。她所参的话头是：“随他去，不管他。”人家说：“你儿子掉水里去了。”“随他去，不管他。”“你家失火了！”行婆也说：“随他去！”有一天炸油条时，面粉往油锅里一放，“嗞”一下就炸开，终于她开悟了，开悟是随机触发的。

（二）深信、切愿、力行：此为修净土三种重要的法门。

信仰佛法若有怀疑就不是信，信净土法门、极乐世界主要是信，要深深地信，并不是张三说就跟张三，李四说就跟李四，我相信这个任你再说得天花乱坠，我还是不相信。要深信，若信仰不坚而动摇便前功尽弃。二是切愿，要深切地去发愿，愿力非凡，就是说：“随愿所生，随愿所成。”要有“不达目的死不休”的精神。一切诸佛菩萨皆随他的愿而成他的道果，愿就是人的立志，如观世音菩萨十二大愿，普贤菩萨十大愿，阿弥陀佛四十八愿，皆随愿而成。我们诚心修净土念佛拜佛，以愿力最重要，蕅益大师就讲道：“念佛若不发愿，即使把佛念得像铜墙铁壁一样，风吹不透，雨打不进，亦不得往生，因为你并没发愿往生故。你没发愿往生，怎么也没有用。”往生主要是发愿，以愿为前提，念佛念得深、念得切，往生的几率就高。力行：有力地去行，要拿力量来行，不是有口无心，轻描淡写，也不是一曝十寒，要力力相继，绵绵不断，努力地去行持，这样才能成佛。修一切的佛法要具备此条件，不具此条件不能在佛法上得到利益，净土法门尤其以此为原动力。我们能得此人身是累世修来的，来此七天切不可错过，古人言：“一失人身，万劫不复。”

除修持外，戒更重要。修一切法门皆以戒为基础，因为心造业的机会特别多，造妄念的机会也特别多，故除了重外面形式上的戒，也重内心的戒，妄想多要以心来戒。修一切法门皆以戒为基础，要守五戒、八戒，不造五逆，无众过患。

（三）要有正愿：我们要真为生死发菩提心，我们要知道生死事大，无常迅速，决无他求别愿。《楞严经》：“因地不正，果遭迂曲。”发心要正，出发点若不正，果报也就不正,便不能有所成就。有很多人念佛不是为生死，老太婆有其念佛之法，知识分子也有其念佛之法，但是真为生死发菩提心的很少。要知道生死事大，死后将随业障而去。我们为了生活，无形中造了很多的恶业。我们每天都在造业，可是自己还不知道，认为自己还是心肠很好的，结果犯罪造业还不承认。只有高瞻远瞩的人才能体察到我们举手投足，无非是罪，起心动念，莫不是业。

临终当断三疑

慈照大师曾说过三疑四关，这是念佛的人临终时不能不谨慎的，现在说明一下什么是三疑：

（一）疑我业重，修行日浅，恐不得生。

（二）疑有心愿未了，及贪、嗔、痴未息，恐不得生。

（三）疑我虽念弥陀，临命终时，恐佛不来迎接。

破四关

人若在临命终时对自己过去的修行发生怀疑，对佛发生怀疑，便会成为一种障碍，而前功尽弃了。所以我们在临命终时应当深切地信佛不妄语，且对自己的一切过去修行具有信心。若能上成一心不乱，下至十念功成，若能心心不昧，念念不差，疑情永断，那一定可以往生净土了。

破除四关更是重要，我们分点说明：

（一）凡夫虽有信心念佛，或宿业障重，不免痛苦，无智之人道念不坚，却言我今念佛而有病苦，反谤阿弥陀佛，只此一念，径入地狱一关。

我们虽有心念阿弥陀佛，但因宿世业障深重，常生

“中国佛学经典宝藏”丛书目录

编号	书名	编号	书名	编号	书名
1	中阿含经	45	维摩诘经	89	法句经
2	长阿含经	46	药师经	90	本生经的起源及其开展
3	增一阿含经	47	佛堂讲话	91	人间巧喻
4	杂阿含经	48	信愿念佛	92	大乘本生心地观经
5	金刚经	49	精进佛七开示录	93	南海寄归内法传
6	般若心经	50	往生有分	94	入唐求法巡礼记
7	大智度论	51	法华经	95	大唐西域记
8	大乘玄论	52	金光明经	96	比丘尼传
9	十二门论	53	天台四教仪	97	弘明集
10	中论	54	金刚錍	98	出三藏记集
11	百论	55	教观纲宗	99	牟子理惑论
12	肇论	56	摩诃止观	100	佛国记
13	辩中边论	57	法华思想	101	宋高僧传
14	空的哲理	58	华严经	102	唐高僧传
15	金刚经讲话	59	圆觉经	103	梁高僧传
16	人天眼目	60	华严五教章	104	异部宗轮论
17	大慧普觉禅师语录	61	华严金师子章	105	广弘明集
18	六祖坛经	62	华严原人论	106	辅教编
19	天童正觉禅师语录	63	华严学	107	释迦牟尼佛传
20	正法眼藏	64	华严经讲话	108	中国佛教名山胜地寺志
21	永嘉证道歌 · 信心铭	65	解深密经	109	敕修百丈清规
22	祖堂集	66	楞伽经	110	洛阳伽蓝记
23	神会语录	67	胜鬘经	111	佛教新出碑志集萃
24	指月录	68	十地经论	112	佛教文学对中国小说的影响
25	从容录	69	大乘起信论	113	佛遗教三经
26	禅宗无门关	70	成唯识论	114	大般涅槃经
27	景德传灯录	71	唯识四论	115	地藏本愿经外二部
28	碧岩录	72	佛性论	116	安般守意经
29	缁门警训	73	瑜伽师地论	117	那先比丘经
30	禅林宝训	74	摄大乘论	118	大毗婆沙论
31	禅林象器笺	75	唯识史观及其哲学	119	大乘大义章
32	禅门师资承袭图	76	唯识三颂讲记	120	因明入正理论
33	禅源诸诠集都序	77	大日经	121	宗镜录
34	临济录	78	楞严经	122	法苑珠林
35	来果禅师语录	79	金刚顶经	123	经律异相
36	中国佛学特质在禅	80	大佛顶首楞严经	124	解脱道论
37	星云禅话	81	成实论	125	杂阿毗昙心论
38	禅话与净话	82	俱舍要义	126	弘一大师文集选要
39	释禅波罗蜜次第法门	83	佛说梵网经	127	沧海文集选集
40	般舟三昧经	84	四分律	128	劝发菩提心文讲话
41	净土三经	85	戒律学纲要	129	佛经概说
42	佛说弥勒上生下生经	86	优婆塞戒经	130	佛教的女性观
43	安乐集	87	六度集经	131	涅槃思想研究
44	万善同归集	88	百喻经	132	佛学与科学论文集

病，懂得佛法的人就了解，我们现在受病的身体是果报身，业障是过去到现在所要受的业感果报，并非信了佛便没有罪障没有痛苦。信佛是现在的事，生病是过去的事，过去已经形成了，无可挽回。譬如种田，让田荒芜了，现在还有存粮，现在吃的是过去的存粮，等存粮吃完，若再不种田便不行了。现在身体的好坏是过去的果报，现在信佛、做善事要等未来的果报。不可看旁人身体强健处处都好，而自己信佛了，却这也病那也病的，不但不怪自己的业障，反而毁谤三宝，将来更是要遭恶报。这是信佛人的第一关，我们懂得这些，要融会贯通，不可再怨天尤人了。

（二）平日口谈净土，心恋娑婆，不懂出世善根，惟求俗缘利益，临终遭病，怖死贪生，妄信巫师，杀戮生命，祈祷鬼神，缘此邪心，无佛摄护，流浪三途，此二关也。

有人平日里修净土，心里却还是贪恋娑婆，如此怎能修净土？现在有很多人没有出世的善根，贪图眼前世俗利益，甚至想借念一点佛，求这求那的，从来没有为生死去求，更没有往生极乐世界之愿力。到了临命终时，又怕死，每个人皆如此，而愈做坏事的人愈怕死，再加自己知道死了后，罪受不了，不论平日做恶事怎么狠，到大难临头时便害怕得不得了。希望能多活几天，于是妄信巫师跳坛乩童，杀生害命拜祭鬼神，祈求能够消灾解怨，这些都是邪心。有了这些邪念，就是真正的佛教护法神也无法护你了，终将堕入恶途。平日将佛法放在口里玩，到了死亡到来，自己所作所为反而增加了恶业。

（三）向持斋戒，或因服药，或被劝逼破戒用荤，此人无决定信，丧失善根，此三关也。

有种人持斋、吃素、念佛，生了病，医生告诉他，病了不能吃素，应该要杀什么生，要怎么补，于是为了顾自己身体，便忘了过去曾为修行吃斋念佛了多少年。有的是自己没有主见，让人逼迫开荤，这种人没有坚定的信念坚持到底，中途丧失善根，这是第三关。

（四）临终时系念家财，爱恋眷属，心放不下，失却正念，致堕恶趣，或托生虫兽守护家庭，宛如存日，此四关也。

临命终时，心不向往极乐世界，也不念阿弥陀佛求往生，却系念财产，眷恋家人，叫这个女儿来看一看，抱孙子来摸一摸，热闹杂沓，哭哭啼啼的，本来还有一点希望的，临命终时，又想起家中财产放在家中，这也放不下，那也放不下，正念失去了便堕入鬼趣，或是托生虫兽来守护家庭。

此类例子很多，佛在世时，即有这种故事。有个人名叫鹦鹉，他父亲死了后变成狗到他家，因为因缘的关系，鹦鹉对它特别疼爱，用金的碗给它吃饭，狗也特别地爱他。狗不准任何人走到他生前埋金子的地方，除了他儿子外，任何人走近都会被它咬。有一天，释迦牟尼佛带弟子踏过那埋金子的地方，它便猛咬，佛有他心通，便叫他在世的名说：“业障这么重，死了还不知反省，又变成狗来守护埋在地下的金子，这么放不下！”狗被骂后，知前世事，难过地哭起来。主人回来觉得很奇怪，便问仆人，仆人告以佛陀相骂的事，他便去责问佛陀。佛说：“你可知狗是你什么人？他是你父亲啊！”鹦鹉吵得更厉害，生气地说道：“我父亲在世时是多么了不起，你竟说他变成了狗！”硬是不信，于是佛陀教他一个辨识的方法。他回家后对狗说：“你若是我父亲，那我家还有的财产在哪儿呢？”他父亲变狗回来便是要把金子埋藏的地点告诉他儿子的，便带他去了，金子挖出来后他才相信了。一个人为了钱，在世的时候放不下，造了业死了还是放不下，这类事情是很多的。

修净土法门的人平日要考验，平时打点，临命终时正念现前，所谓心不贪恋，意不颠倒，要全身放下。若有一点家庭财产儿女私情，是不容易走的。除非家人正信以道相劝，一切放下好好地念佛往生，也就是要坚定自己的信心，才能破除三疑四关，不负此生。

念佛法要

今天在此念佛要心口一如，不论心念、口念一定要字字分明，清清楚楚。所以我向来主张大声念，将外面的声音排出去，听自己念，无论如何要听见自己的声音，这样才能专注。同时念佛也不须贪多，石南和尚有念佛偈：

念佛切莫贪多念，且念一百心不乱；
九十九声一念差，捋转数珠都不算；
如是一百百至千，从千至万如珠贯。
箭射不入刀不侵，百万魔军皆退窜；
念到人空法亦空，数珠抛向无生院。

念佛不贪多念，只要念一百声，手拿念珠来数，若是到了九十九声还差一声时，有一杂念生出来，则前面的完全不算，从头再来。如此，把“一百”做到，再慢慢增加至千,千再至万，若能如此，则念阿弥陀佛的功德就很好了，念到最后刀箭不入，一切魔也都退了。我们降魔不易，妄想是魔，病也是魔，不修行时身体很好，一修行什么魔都来了，扰乱修行。所以志向要坚定，不让病魔打倒。到此来念佛的同学，这两天有人身体不大好，平常没有病，到这里却有病，这是自己的业障，这业障是外面的，还有内在的魔，更是厉害，就是贪、嗔、痴、邪见、慢、疑等等，不时地往里窜，我们念佛时不时打扰，若是没有大坚强心、忍耐心，业障不易消除，魔更不易打倒。

念佛要有猫捕鼠的精神，等着洞口不离开；又要同母鸡孵小鸡，怎么赶也赶不走，心无异缘。等到能（念的我）所（念的佛）双亡，无念而念，自然连念珠也不需要了。我们来此念佛不能虚度光阴，禅宗有个性空大师曾说：

学道犹如守禁城，昼防六贼夜惺惺；
将军主帅能行令，不动干戈致太平。

修道的人日夜修持都要重视，古来大德对此很重视，就像保护紫禁城，还要坚定自己一股志向，一股发愿生西方极乐世界的念头。如果能斩断六根，正念相继便可往生极乐。所以我们修行，说起来容易，做起来就要亲身体验。

五通梵志善说法要

再说万缘放下，因放下一切才能修行，善恶是非一时俱遣。现在一般人专门做善事，但不念佛还是不能往生，只是增加人天福报而已，所以一定要好好地修行。说法讲经的法师正如渡船，千年渡人，将人渡完，全到彼岸了，自己还是在苦海里面。讲而不修，还是不能了生死的。从前有个五通梵志善说法要，天雨宝花，他说法不但人听，天龙八部也听，阎罗王也听。有一天，阎王听法后忽然悲泣，梵志问他：为什么哭泣？阎王说："你虽然善说法要，但未得漏尽通，生死未了，数日之内将堕我类。"梵志大惊，请求解脱之法，王告诉他唯有佛能救他，于是他拿着两瓶花供佛，佛一看见他进来便说："梵志，放下！"于是他放下左手的花，佛又说："梵志，放下！"他又放下右手的花，佛又说："梵志，放下！"梵志："我两手都空了啊！为什么又叫我放下呢？"佛说："我并非要你放下手中的花，而是放下六根、六尘、六识，全部放下。"可见讲经说道不能了生死，自己生死仍须自己了。

随他去，不管他，阿弥陀佛

再讲另一故事：有个有钱的老太太，她多病，烦恼又多，邻居有个老太太孤苦无依，替人洗衣，时时念佛、听经、拜佛，可是身体强健，时常哈哈大笑。有一天，有钱的老太太便请教她，她说：“你的烦恼就是太有钱了，像我，三餐无继，却没有烦恼，只要有经听便很高兴了！”于是劝她和自己一起去听经。有钱的太太去听经时，人们特别尊重她，请她坐在法师前面，可是她听不进去，这里也痛，那里也痛，别人皆大欢喜，她却觉得难受。后来再听了几次以后有点意思，便想找法师谈经问道，法师见她平日听经的态度也不太高兴，因此侍者传话说那位老太太要见他时，那位法师正将衣袍除去，想休息一下，见有人来就很不高兴地说：“随他去，不管他，阿弥陀佛！”老太太站在门口，以为法师给她的开示，便是这句话，就很高兴地拜谢法师。从此以后不论遇到什么事总是：“随他去，不管他，阿弥陀佛！”于是她也就没有什么烦恼了，丈夫在外有小老婆，她说：“随他去，不管他，阿弥陀佛！”有人说：“你儿子在花天酒地，吃喝玩乐，无所不为。”她说：“随他去，不管他，阿弥陀佛！”又有人说：“你的女儿，在外跳舞交男朋友……”她也是“随他去，不管他，阿弥陀佛”！从此无有烦恼，身心自在。

生死体认

人命无常，随时都可能死亡，身体都是假的，人只是借着身体修行消除业障。但自出生以来“心为形役”，身要住好的，怕累而坐车，怕热而有冷气，要享口欲便杀生……其目的就是把身体供养好，用尽心思服侍身体。但是我们对身体却一点办法也没有，最后不听你的，要走便走，要病便病，受苦的是心。人生不过百年，为何每天造业来满足此虚幻的身体？只贪图眼前的利益，不顾未来呢？

我们说无常苦空，有个比喻：人被老虎逼得无路可走，见一藤垂到井中，于是攀藤入井，上面有黑白二鼠日夜噬啮井藤，且井中有四蛇等在下面，由这个比喻可看出时间无常，如粗藤一样给老鼠咬噬。身体四大（地、水、火、风）假合便是四蛇，黑白二鼠表日夜，生命日夜地过去，一寸时光，一寸命光。古云：

时光灭处命光微，到眼繁华转眼非，
莫在险途贪五欲，弥陀日夜望儿归。

时光逝去也就是：“是日已过，命亦随减。”繁华不过是过眼烟云，不要在险途贪快乐，随时都有生命危险，要赶紧念佛，才能了生死。语云：

生命有如树藤粗，世间无常像老虎；
地水火风似四蛇，昼夜啮噬似松鼠。

正道出了生死之虚幻无常。

出离法要

我们到此打佛七，忍受暂时的小苦，以求永久的安乐，我们想念三途的巨苦，念佛拜佛少睡一点时间，就不苦了。平常生死心提不起来，是积习难断。在此要发愿，愿力要坚，要礼佛、忏悔、立跪。还要严求自己，有人说：“求人不如求己。”求自己要如何求法？譬如说睡时有求：“明天一定要早起床。”到第二天果真早起，这便是自求的力量，自求的力量也是很大的。

我们念阿弥陀佛要带感情，如子忆母，如母忆子。“十方如来，怜念众生，如母忆子。……子若忆母，如母忆时，母子历生不相违远。若众生心，忆佛念佛，现前当来，必定见佛。”念佛时心要静，所谓：

千江有水千江月，万里无云万里天；
凡有水处皆见月，不见水月浑不见。

水若不清月就不见，不能怪月不现，应怪自己心不静，我们要见佛的心要同佛心一样，念佛的心要精进，才能见佛。

寒山大士说：

恶趣甚茫茫，冥冥无日光，
人间八百岁，未值半宵长；
此等诸痴子，论情甚可伤，
劝君求出离，认取法中王。

三恶趣那个地方渺渺茫茫，人间寿命活到八百岁，在地狱里面受罪的时间不到半天，我们人只顾儿女情长，不能了生死这就是为了情。劝大家赶快求出离，认取阿弥陀佛为法中王。

各位同学，生死事大，希望大家能够好好利用这几天的时间好好修行！话说多了打闲岔，继续念佛吧！

4　拿出你的力量来

台大　郭曼丽记

一九七五年暑假台中万佛寺大专佛七开示

有竞赛方能显出力量

我们知道：亚东女子篮球队在台湾地区是训练有素、身材最高、条件最好的球队。可是和其他球队比赛却不能胜，原因便是耐力比不上人家。人家练习时跑篮球场一百圈，我们却只能跑三十圈，如果跑五十圈就精疲力竭。所以上半场还可以取胜，下半场便体力不继而败了。

这是个比力量的事实，篮球如此，田径场上也是如此。李秋霞到韩菲等国拿金牌，放异彩，记者访问时她说："美国常有比赛，差不多每星期都有，有比赛才能激发力量，有竞争才能不断地努力，因此才有好的成绩表现！"

运动需比赛，才能有所表现，我们修行也是一样，平日大家没有比赛的对象，唯有到精进佛七道场来，才有竞争和比赛的对象，在此我们比赛什么呢？看谁念佛声音大，拜佛拜得多，谁比较精进用功。佛七不但每星期参加的人有比赛，历届以来在一次佛七中，最高拜佛的数目是两万四千拜，这是七天中用最多的时间和最大的力量，才有这种成绩表现。

耐力强方能敌魔障

修行要靠耐力和坚强的心来激进，因为我们造的业太多，业力太大，如没有大力量就不能消除业障。我们的业障大到什么程度呢？《地藏经》说："能敌须弥，能深巨海，能障圣道。"业障大得像须弥那么高，海那么深，能障碍一切修持的圣道。所以业障深重就很难修行，如想修行时，它就障你的道，不让你精进用功。因此我们若想修行能成功，只有将这累生累世积聚的业障消除。而今日我们有强壮的身体又有机会到此来修行，就应拿出像过去造业时的决心，并以坚忍不拔的毅力精进用功，方能抵敌魔障，消除过去如山如海的业障！

圣凡皆依念而判

念佛是心里的一个念头，平常我们做任何事都有个念头，但到底念头放在何处？大家可仔细想一想：除了佛已达无念的境界外，我们凡夫不论正念、邪念，都有个念头，可是我们都念了些什么呢？我们是否注意过这一问题？《华严经》上说："若人欲了知，三世一切佛，应观法界性，一切唯心造。"十法界不出一心，一心具足十法界，念念不离十法界，看我们对哪一法界，念的时间多，念的力量强，将来就生到那界去。修行人应有佛的念头，把念放在佛上面，朝于斯，夕于斯，念兹在兹，念佛之心，念念不离，最后一定往生西方。这就是《楞严·大势至圆通章》说："忆佛念佛，现前当来，必定见佛。"我们大家扪心想想我们一天之中，念佛的念头有多少时间？就是现在大家口在念佛，心中的念头是否仍放在佛上面，还是个问题，何况不打佛七呢？

十法界分四圣的出世法界和生死的六凡法界，出世的法界，除了佛法界外，还有菩萨法界和缘觉法界、声闻法界。我们有没有将念头放在这四种法界上去修持呢？

平时我们对此既然不修不念，当然也就不能证得，这样一来我们就和出世之四圣法界绝缘了。现在再谈到六凡法界的天界，天分欲界、色界、无色界，修四禅定可入色界，修四空定入无色界，我们二者皆没有修，所以上二界也不能去。修五戒十善，我们能守五戒：不杀、盗、淫、妄语、饮酒，也就是做到儒家仁、义、礼、智、信了，如此可望得到人身。五戒俱全再修十善，可以升欲界天，如今我们已具人身，来生往生何道，全视自己而定，随念所生。自己条件如何，念在何道最多，时间最长，力量最猛，便生何处，这是最科学的，种如是因得如是果。

思量起来实在令人不寒而栗啊！念头放在杀、盗、淫上最多，贪、嗔、痴也最多，这念头将来最长久，力量最猛烈，危险得很啊！除了佛七，天天把心置在念佛上，平日自问，很少有此念头。就是念佛，身心都要一致，不可以将自身性命当儿戏。平日修行，总是贪、嗔、痴的力量比修行的力量大，稍有一点外力，便将修行的力量打消。要知道种什么因便得什么果；所谓“菩萨畏因，众生畏果”。菩萨畏因，所以不为恶，众生任性而为，受果报的时候，才害怕后来得恶果，这时怕也来不及了。

我们来这里学佛修行、念佛，是为自己，念佛一定要念念不离佛，才能生到佛世界去。若整个念头放在财产、身体、儿女、家庭、权位、事业等等，那皆是凡夫的念头，将来仍在六凡法界中打滚，不能进到四圣的领域去。因凡夫对于贪、嗔、痴、杀、盗、淫是很熟悉的，而这又是三恶道受苦遭报的路，所以我们要把熟的变成生的，以杜绝三恶道，生的走成熟的，以便入于圣域。我们如今要走的修身成佛的路是新生的，若不努力走，勤勉地走，绝不会成熟路的，唯有把新生路（念佛）走成熟的，方能达成了生脱死成佛作圣的大愿。

5　念佛休嫌妄想多

辅大　庄丽华记

一九七四年暑假清觉寺大专佛七开示

今天是佛七第六天，一开始我就说过，时间会过得很快，六天当中，纵然你们有所得，也不是我的功德，都是你们虔诚地感应，加上佛法僧三宝的加持，才能稍有成就。

大家问的问题很多，现在又有一位同学问道："刚开始念佛时，妄想纷飞，无法将佛号把握住，后来采用'口用心念，耳用心听'的方法，第三天才稍稍能把握住佛号，心口稍能合一，心里才稍觉得安慰，自以为这下子可上路了，哪知好景不长，第四天以后，妄想又多起来了，奋斗至今，仍然没有进步，反而计他思量之心特生，不知如何是好？弟子平素好用脑筋思索问题，这两三天突然灵感特多，许多以前在学校所未获解决的问题，在绕佛时，都突然心血来潮一下子想通了，但一想，这是打佛七的时候，应该专心念佛才对，但常常身不由己，请问师父这要如何是好？又请问师父，平常没有念佛的习惯，只在打佛七时念佛，是否有效？”

我自己念佛的经验

在回答你的问题前，我先说我自己念佛的故事。是一九四九年，那时我在普陀山，我是一九五〇年才离开普陀山到台湾来的，当时我发一点露水道心，那时有个德源老和尚，是北方逃到普陀山的，他在北方是苦行出名，他曾教过我拜占察忏。有一天他无意中提起古人一天念佛十万声，他说他也做过了，曾打了一个佛七，一天念十万声佛号，到最后人支持不了时，拿头顶着墙壁念，脸也都念肿了。我这人也很怪，当时就想古人能做，我不妨也来试试，看到底这十万声佛号有多难，于是自己就准备打“个人佛七”，因为我在普陀山当知客，下来就住在后山双泉庵做客，这是个很好的用功地方，我自己一个人住楼上，自己看经、念佛、打佛七。

十万声佛号是怎样念的，这可不是闹着玩的，以普通快速念佛一分钟，只能念六十声，顶多八十声，我自己计算一分钟须念一百声，如此十八个钟头，就能念十万零八千声，实验下来，再加上早晚课各一千声，总共一天念十一万声佛。那时一天吃一顿，睡觉约三小时多，因时间来不及，早晚课及唱大回向都要花费很多时间的。那时在大陆上的和尚是普遍的穷，不但没有表，连个闹钟也没有，根本不知道时间，虽然如此，我的佛七却能打下来，而且功课还能照做，很奇怪，到时间就知道起来。有两次实在太累了，不知道起来，是护法神帮忙，一再叫：起来！起来！时间到了！实在太辛苦了还是叫。起来后弄好仍是赶上时间。是如何念法呢？一口气急急念了三五十声，再换一口气念，如此才有办法做到。

这就要说到降伏其心，止住妄想，是难上加难。我念得这么快，还是有妄想，不让它进来，它还是进来。再说我那个房间，到处贴满“阿弥陀佛”的条子，凡举目所望，皆是阿弥陀佛，如此妄想还是进来，这种微细的妄想，是我们多生多劫的业障习气，你说要止住妄想，谈何容易，有句话说：“不怕念起，只怕觉迟。”并非你不得一心不乱就不能往生，只要具备信愿行就能往生。古人说：

一句弥陀法中王，杂念纷飞也无妨；

万里浮云遮赤日，人间处处有余光。

念佛能无妄念当然最好，但杂念多也没关系，如浮云虽遮着太阳，但人间到处仍有余光，比夜晚好得多了。因此你不要执着要把妄想打掉，顺其自然好了。

再说你条子上讲灵感特多，这也是有道理，现在先讲一个笑话故事。过去有一个卖豆腐的，每天要送豆腐到丛林庙里，久了就跟庙上和尚混得很熟。有一天到禅堂，看到许多法师在那儿参禅打坐。因他跟里面的人很熟，就问一位师父："师父！我也进去打坐好不好？""好是好，不过很苦，坐在那儿不准讲话的。""大师父！我同您商量商量！是否让我进去坐一支香？""你想坐当然可以让你坐。"因此开个方便门，到晚上养息香时让他进来坐，因丛林里有个规矩，到了养息香时，谁愿意坐禅都可以。他坐了一支香出来后，高兴得不得了，说："坐禅堂功效真大，我坐了一支香，就得到很多利益。"旁人问他："你得到什么利益？"他说："喔！以前人家欠我的豆腐债，我忘记了，现在一坐下来，我通通想起来了。"这与你们条子上说，以前解不开的问题都想通了，是同一道理。所谓"静极光通达"，寂静到极点，自性光明显露，不知道的事都会知道的。

念自性中的佛

今天讲念佛的原因，首先要明了佛的境界，才知念佛是念自性。佛与我们是同一法性，佛证无碍智，以地水火风空五大为法身。一般讲四大：地、水、火、风，是构成我们身体的，《楞严经》讲七大，普通说五大。地大是遍一切处，水、火、风也都是遍一切处，因本是空性，即所谓“四大皆空”。社会上人不懂，常说：“你们和尚是四大皆空，还谈什么？再说就不空！”他根本不懂四大皆空是什么意思，还以为酒色财气就是四大，这都错了。一切东西都是四大组合，凡是四大组合皆空。这里讲地水火风遍一切处，佛的法身包括这五大，因此佛的法身也是遍一切处。凡五大所在之处，就是佛的法身，因此说“法身遍满虚空界，普现一切众生前”。一切众生无不在地球之上，虚空以内，都是在佛的大圆镜智之内。我们念佛一声，等同拍一个电报给阿弥陀佛，由空中以电传入佛的耳朵。发一个净愿等同一道电光袭佛的眼睛，众生祈祷加被、皈依就如电气，信愿如同电线、电线杆，只要开关一开，电流马上就通，这就是与佛相应的道理。我们念佛是念自性心中的佛，佛度众生是度佛心中的众生，所以众生与佛是无差别的。

又念佛有什么好处？为什么要念佛？因为众生妄想特多，不念这个就念那个，不能中立而不倚。儒家说："白刃可蹈也，中庸不可能也。"要站在利刃上容易，要站在中道立场可不容易。不是倒向好的一边，就是倒向坏的一边，而坏的一边就会堕落三途。众生不念佛时，就念男女、钱财、地位、事业、家庭。无时无刻不在念，念这些就是生死根本啊！与其念这些无用的，不如来念佛，佛即觉义，念念是佛，就是念念觉悟，佛不离心、心不离佛，念佛即念心，把自身的佛性念出来，是借外在的佛引自性的佛，因此事相不能废掉。阿弥陀佛发过大愿，只要称念其名号，临命终时，必然接引往生。我们若也有往生之愿，如此两愿契合，如母忆子、子忆母，很容易交接，就是这个道理。

极乐世界，无有众苦

又为什么念佛要生极乐世界？因为我们这个世界是危险靠不住的，且苦多乐少，这个世界佛经称"娑婆世界"，娑婆两字翻译成中文意为"堪忍"，就是堪当忍受痛苦。这个世界没有一点是快乐，都是痛苦的，因此我们要生到那个极快乐的世界去，打个比喻：就像现在一般人一窝蜂往美国跑一样。美国钱多，汽车、洋房、高楼举目皆是，去美国并不简单，要花很多钱的，其实美国有什么好？比起极乐世界差得远哩！美国到处嬉皮、流氓、鸦片、吗啡、杀、盗、淫、妄，什么坏事都干尽了，可是大家还是要往美国跑，因那边是新世界，与其有这个精神往美国跑，不如往极乐世界跑，那才好哩！你们看《弥陀经》描述的：黄金为地、鸟语水声、七重栏楯、七重行树，那才美妙！我们应好好把握才对。

再讲个故事：过去有个大修行人在阳世修行很有名，后来死了到阎罗王那里，阎罗王对这个大善人很恭敬，请他上座，就问他："你愿意投生到哪里？来世你愿意做什么？我都满你的愿，因你是个大善人。"这个人笑笑说："我没什么大志愿，浅浅而已，你听我说。"就对阎王说了八句话，表明心愿。

父做尚书子状元，饶家千顷好良田；
充库稻粱并米谷，盈箱绫罗与金银。
鱼池花果盘盘有，娇妻美妾个个贤；
身居一品王公位，安享荣华寿百年。

我要求就这么多。阎王一听，马上从座位下来，一揖到底，说：世界上还有这么好的地方，那我阎王让你做，我先去投胎了。

我们说他只想活一百年，米谷、花果、妻美子贤，这些要求而已，阎王就羡慕得不得了，他也想去，可见这个要求在人间是苛刻的。我们再想极乐世界的生活，比这要求不知要高多少倍，所以念佛生极乐世界有很多好处，那为何我们不生到那里去呢？

娑婆世界，八苦交煎

现在先说我们这个世界，是众苦交集。

第一种苦——出生胎狱，小孩子在妈妈怀胎时，如坐监牢称为胎狱。我们想想：一个人若生了大病或极苦的病，在这个病过后，好多事都会忘记，而我们人一出生，前生的事也忘得一干二净，可见受了极大的苦，而我们自己不知道，所以小孩一生出来，没有一个是笑的，都是哭的。

第二种苦——老、衰、昏、庸。老了就不合时宜，衰而昏庸，颠三倒四，因此说："老而不死是为贼。"人一老，记性没有了，跑也跑不过人家，真是一无是处。

第三种苦——病、疾、忧、悲。人生在世，快乐的时间短，忧愁的时间长，生病是每个人都经验过的。旁的我不内行，生病我倒是内行。我从小就开始病，什么病都生过。唉！病是痛苦啊！

第四种苦——死苦。生如活牛剥皮，死如乌龟脱壳，人死是四大分散，八苦交集，苦不堪言，所以我们要念佛，念佛能预知时至，无疾而终。台中《明伦》杂志常有报道往生之事，最近报道钟灵毓居士，预知时至往生了，他是我的朋友，是个虔诚的佛教徒，他就是一个念佛往生的实例，希望各位早早预先准备，精勤念佛。

第五种苦——亲爱别离。人之最苦者，莫过于生离死别，哪一个愿意死？谁愿意放下？但是阎王注定三更死，不肯留人过五更，对于生死，人是没有权力的。人有一口气时，一张嘴哇啦啦地好似世界全是他的，一旦一口气不来，双脚一伸，两眼一翻，什么都没有了，一毛钱也带不去，想想多可怜；又天气这么热，假如我们清觉寺，现在死一个人，就必须赶快运下山，不然一会儿就会发臭，且流脓水。人一死，身体马上腐坏，想想一个人实在假得很啊！以前苏东坡看到江里浮出一具女尸，曾作了一首诗道："今日江上尸，昔日芙蓉面；尔今不忍看，昔日恨不见。"我们也常在报上看到少妇投河，无名尸首等，从前美丽的脸孔，想看都看不见，如今尸首捞起来，大家都不忍看，今昔难比，可见人是多么假啊！

第六种苦——怨亲聚会苦。所谓"不是冤家不聚头"。有的冤家则成为眷属，所谓"无仇不成父子，无债不成夫妻"。有的是冤家债主搞在一起，像我们凤山有个信徒——蔡居士，是个很虔诚的佛教徒，每天都到莲社来拜佛。她的大女儿读师范学院，今年毕业，但就在毕业前几个月剃发出家了，虽然出家，毕业文凭还是拿到了。想一个女孩子，从小培养到大学毕业，不知花了多少钱，家里以卖面为生，做大女儿的，又是师范学院毕业，照理应该先教几年书，让父亲喘一口气，再出家也不迟啊！可是她却等不及，出家后也不跟家人生活。再说第二个女儿，高中毕业，勉强做了几天事，脑神经突然发生问题，从这个医院到那个医院，现在还在台北荣民医院，不知花费了多少钱。第三个女儿，现初中毕业要考高中，小时候很乖的，可是现在变坏了，见到每个人都如仇人一样，尤其全家上下兄弟姐妹，她都看不惯，有时私下还讲她要杀这杀那的，你看怪不怪？一家变得如此。蔡居士来跟我讲，我同她说："你是佛教徒，应知冤家聚会，你前世欠她的债，现在只好还她，尽力去还。"这是怨憎会苦的一个例子。还有公司里同事成冤家，又坐在对面桌子上办公，真是冤家见面，分外眼红。那实在难受，除非辞职不干。

第七种苦——天灾人祸。去年台东发生大水灾，不知死多少人！大水一淹，整个家庭就没了，实在可怕。

第八种苦——劳碌奔波。为了生活，为了儿女，整天忙碌，可是最后得到什么？下三恶道去了。原因何在？

寒山大师有几句话：

> 嗟看浮生人，悠悠何时了；
> 朝朝无闲事，年年不觉老。
> 总为谋衣食，令心生烦恼；
> 扰扰千百年，去来三恶道。

所谓："人命无常，国土危脆。"前不久报上登载：桃园山地有一个村，整个村陷下一千多公尺，这就是国土危脆的例证。所以说人间，你还贪图些什么呢？

无有众苦，但受诸乐

假如我们生到极乐世界，那就完全不同了。

第一，莲华化生。我们此刻念佛，在极乐世界就种了莲花种子，愈念莲花愈开愈大，不念时，莲花又萎缩，一直念到往生这一口气断，就投生到极乐世界莲花化生，化生没有痛苦，就不受胎狱之苦。

第二，寿命无尽。生到极乐世界就寿命无尽。《弥陀经》说："彼佛寿命及其人民无量无边阿僧祇劫，故名阿弥陀。"因寿命无尽，就没有老、死之苦。

第三，长养诸根。因莲华化生，不食人间烟火，诸根皆长养得很好。

第四，往生极乐世界。不退菩萨为伴侣，均是一些不退转的菩萨为好朋友，无爱别离苦。

第五，上善聚会。是诸上善人，聚会一处，没有冤家聚会苦。

第六，化佛庄严。各位看《弥陀经》描写的极乐世界，那种种正报、依报庄严，根本没有天灾人祸。

第七，得不退转。生到极乐世界，就得行、位、念三不退，只有进步，不会退转，就免堕三途去受苦。

《弥陀经》说："其国众生，无有众苦，但受诸乐，故名极乐。又舍利弗，极乐国土，七重栏楯、七重罗网、七重行树，皆是四宝周匝围绕，是故彼国名为极乐。"各位看《弥陀经》，就可知极乐世界的庄严美好，与往生净土的种种好处，因此劝大家念佛往生。

总括生西的十种好处如下：一、莲华化生，二、相好庄严，三、黄金为地，四、衣食自然（思衣得衣，思食得食），五、宫殿随意，六、飞行自在，七、善友爱敬（诸上善人），八、寿命无尽，九、永不退转，十、受记成佛。

此土与彼土，此苦与彼乐，相差多么远，为什么我们不到西方极乐世界，还在这个世界留恋什么？有的人会妄想说："我舍不得去，这个地方有我的亲朋好友，妻子儿女。"其实错了，父母妻子都是冤家债主，一旦死了，再也看不到，如今天的你们，都是死了再投生到这个世界来的，你前世的父母亲朋你记得什么？根本记不得了，一旦死了，各人随业受报，能再做父子、夫妻是很难的事，除非一道发愿生西方极乐世界，做永久清净眷属。

6　念佛与念头

台大　李中旺记

一九七五年暑假弘明寺大专佛七开示

对念佛之误解

各位同学：今天讲的题目是“念佛与念头”。先讲念佛，大家到这里来念佛，如果有外道或不懂佛教的人提出反对，比方说：“你信佛就好了，即使要念，念几声就可以了，为什么要整天念，譬如小孩子叫妈妈，妈妈疼爱孩子，孩子叫一两声，妈妈还高兴地回应。要是小孩一天到晚不停地叫妈妈，妈妈烦死了，一定一个耳巴子打过去，‘你这东西太讨厌了，从早到晚叫什么’。假使阿弥陀佛听到我们整天喊叫，他也会讨厌，不会给我们好处，还会给我们耳巴子，这才冤枉呢！念佛得不到好处，还要惹佛生气。”我们怎么答复？

这种说法似是而非，要是对念佛道理不清楚，一听到也许会被愣住:“是有道理啊!我们念佛有什么意思呢?”

现在就这问题加以探讨:所谓“念佛”,念字上面是今天的今,下面是心,念佛就是要念今天的心,今天的心要念佛。“佛”的意思是觉者,就是大彻大悟的圣者,悟的反面是迷,因为我们迷了,本来的佛性显不出来,如同大圆镜子放在尘劳污垢中,蒙蔽了照天照地的光明,我们只要把镜上尘垢去除得干干净净,镜子就能“胡来现胡,汉来现汉,大圆镜智,普照十方”。众生与佛本是一体,“心、佛、众生,三无差别”。就像一只手的手背和手掌,只在反掌之间,又如“烦恼即菩提,生死即涅槃”,都指一个东西的两面。所以我们念佛不是迷信,也不像反对者的话“整天喊妈妈”一样,而是“声声唤醒本来人”。把本来的弥陀喊出来,我们讲自性弥陀,可是自性弥陀不念就不会出来。经云:“是心是佛,是心作佛。”是心是佛指人人有佛性,人人都能成佛,可是佛有五眼六通,无量智慧,什么都知道,而我们凡夫一身业障,眼睛用纸一遮就看不见了,同佛不能比。所以虽然是心是佛,还要是心作佛,“学佛所学,行佛所行”,才能成佛。“是心是佛”指体,“是心作佛”指由体起用,由修而证。若只在嘴上讲是佛,而不实际去修的话,还是众生,不能成佛,佛和众生的差别,希望大家注意。

天台宗讲六即佛："理即佛"指众生理体上是佛，一直到"分证即佛"是菩萨境界，最后到大觉世尊"究竟即佛"。"人人份上本有弥陀，个个心中总有净土。"这是本性上如此。在没有修以前，"从是西方过十万亿佛土，有世界名曰极乐，其土有佛号阿弥陀，今现在说法"。是实实在在有的，念佛念到心佛一体的时候，十万亿佛土并没有分开，当下就是，只是因迷悟的关系，迷了才有十万亿佛土的距离。祖师说："生则决定生，去则实不去。"往生西方是决定生，去呢实不去。生则决定生是讲理，去则实不去是讲事，理事要圆融，不然就是执理废事或滞事昧理。

念头放在哪里

下面讲到念头，为什么要念佛，不念佛不行吗？不念佛不行，不念佛就不能成佛。"念佛既从心出，结业岂由外来。须臾背念佛之心，刹那即结业之所。"是指念佛要从心念，不只是从嘴念，嘴念心不念没有什么效果，结业也是由心造成的，很短的时间违背念佛的心，这时就是造业的地方。因为不念佛就是念家庭、事业、金钱、男女等世间法，念佛是以一念代众念，大众念是用大声佛号压制众念，小声念佛容易昏散，容易被外境把佛号拉走。

念佛就是消业，我们的业障重，要用力量念，力量不够就不能消业，所以念佛第一须用力量，要把念头放在哪里呢？现在我们先提一下“十法界”。十法界是四圣，佛、菩萨、声闻、缘觉；六凡，天、人、阿修罗（三善道）及地狱、饿鬼、畜生（三恶道）。天也是凡夫，也有生死。不念佛而整天念事业、财产、男女等，以出世间法衡量，所得果报想了生脱死是不可能的。所以我们所作所为若都是三恶道的因，将来一定堕三恶道受苦。“诸苦尽从贪欲起。”一个人首先要戒除贪心。出家人没有家庭的负担，只为弘法利生，所以贪心比较少。

我们自己问自己：一年三百六十五天，念头都放在什么地方呢？念头不放在佛上而想成佛，这是因果不对，应该学佛念佛，才能成佛。还有念头的时间问题，一个人最后到什么地方，就是看时间长短及力量大小而定。比方说：一株平常朝西的树，到了被大台风刮断或被锯倒时，一定向西。为什么？因为它不是一天两天向西，而是常年向西。我们想生西方，就要常年把心向西方，常年念阿弥陀佛。《楞严经》上说：“忆佛念佛，现前当来，必定见佛。”所以我们要时时忆佛念佛。

再说我们的心很大，“心包太虚，量周沙界”。心是大觉心、灵知心，经上说：“十方虚空，在汝心中。”众生把真心忘记了，迷失本性，认妄为真，把心削小了，成为“譬如澄清大海弃之，唯认一浮沤体，目为全潮”。澄清大海不要了，认个水泡是全潮。众生亡失本性，分别人我，自私自利，亦复如此。

《西方公据》上说：“人之念头，所系甚重；牵魂引魄，造命生身，莫不由此。念善上天堂，念恶下地狱；一念直为人，一念横为畜；如何是饿鬼？只因念不足。念魔便成魔，念佛便成佛；若要免六道，除非只念佛。若还不念佛，失念即堕落，失落这人身，万劫难再复。”另有古德云：“一切众生之所迷，迷此心；圣贤之所悟，悟此心。善恶皆出自心，自心修善，令心安乐；自心造恶，令心受苦。心是自心主，身似自心用。佛由心造，道由心学；德由心积，功由心修；福由心作，祸由心为。心能作天堂，心能作地狱；心能作诸佛，心能作众生。是以心正成佛，心邪成魔。心慈是天人，心恶是罗刹；心贪是饿鬼，心痴是畜生。心是一切罪福种子，若有人自心悟此，把得定作得主，依佛行持，立佛行愿，是人必定成佛。”

一切唯心造

看到这一段，一切都是由心来的，心直就是仁，仁者人也，要做一个人最低限度要仁慈，众生的仁慈之心不够。人的条件是要具足五戒，假使不具足，做了人不是贫穷，就是残废，不是多病，就是短寿。人和畜生心不同，人心是直的，畜生心是横的，假使人心也是横的，那就是包了人皮的衣冠禽兽，现在就横行霸道，死后还不堕畜生吗？所以一切唯心造，心能上天堂，心能下地狱，不是外来的。

下面又有一段“一心念佛，心是佛；心不念佛，心不是佛。谓是心是佛，是心作佛；是心不作佛，是心不是佛。以我自己本来之心，念西方阿弥陀佛，仗阿弥陀佛显自己本来之心，念念是我心向佛，念念是佛向我心，心佛宛然，心佛一体，感应道交，不可思议”。我们前面就讲过，是心念佛才是佛，是心不念佛，是心不是佛。古人有四句诗：“说着莲池泪双流，娑婆众苦实堪悲，世出世间思维遍，不念弥陀更念谁？”只有念阿弥陀佛才能成佛，仗阿弥陀佛显自己本性。

《梵网经》上说：“一切众生皆有佛性，即是人人一念，念佛之心也。若不念佛，不名佛性，但可名为异性。念天是天性，念人是人性，念财是财性，念色是色性，乃至念种种恶是恶性，必堕种种地狱，受种种苦，所以名异性。故云：念佛之心，方是佛性。”所以我们说人人有佛性，下地狱的众生也可能成佛，天人也可能不种善因而堕落。佛教这一点，就比他教高明，其他宗教以为一个是上天堂，一个是下地狱，下地狱的永不得超生，像耶稣的父母，列祖列宗，都应该堕地狱而不能得救了。而在佛教，如：佛上天度了自己的母亲，目犍连到饿鬼道救母，地藏菩萨累世行孝救度母亲等事迹，都显示出了佛教的殊胜。

“以凡在有心，不能无念，以无念心体，唯佛独证，自等觉以还，皆悉有念。”除了佛外，都有念头，要把念头放在念佛上。

“凡起一念，必落十界，更无有念，出十界外，以十界无外故，每起一念，为一受生之缘，果知此念，不念佛者，未之有也。上品十恶，杀盗邪淫等，反此即十善，当密自检点，日用所起之念，与何界相应者多？与何界相应者猛？他日安身立命之处，不劳更问他人矣！”所谓十法界依正庄严皆由心生，佛家讲心性、讲因果，“念念成形，形形受报”。从前有个人卖青蛙，身上背着青蛙，心里想着青蛙，嘴上叫卖青蛙，有人问老和尚，他死后变什么？答曰：“背它、想它、叫它，当然变青蛙！”所以除了念佛、忆佛外，其他都不是我们所要求的。

7 有关念佛感应与往生问题

辅大　庄丽华记

一九七四年暑假清觉寺大专佛七开示

今天是佛七圆满的日子。光阴过得真快，当然对于某些用功不得法，或不想用功的同学来说，会觉得时间很长，过得很慢，但有些同学会觉得时间不够，机会难得。“念生死苦，发菩提心。”“一失人身，万劫不复。”“人身难得，六根难俱；中土难生，佛法难闻。”各位真是天之骄子，不但得人身，而且五官俱全，受过高等教育，又闻到佛法，现在又能到此地来参加精进佛七，这是很多福德因缘造成的。

假使我们空过一生，什么也没学到，临终时“万般带不去，只有业随身”。带了满身罪业，随业受报去了，假使带了地狱的罪，就须到地狱受报，地狱的生活是万死万生，苦不堪言的，不但受苦重而且时间长，不知要经过多少劫才能出来。出了地狱还须做饿鬼，饿鬼是腹如沧海，口如针孔，看到东西，肚子饿得很，吃又吃不下，所谓“五百年不闻江水之名”。连江水都喝不到，很可怜的。出了饿鬼又沦为畜生，一生辛苦操作，被打被踏，还要被杀，惨得很啊！所以身为人时，要思地狱苦，赶快念佛往生西方极乐世界。

八点念佛不得感应的原因

第一，生疑，信心不够。在座中，就有人对净土不感兴趣，非得拿出证据，否则不肯相信，如此自己信仰不诚，怎会得到感应？

第二，作辍无常，行之乏勇。这点请各位注意，希望各位佛七结束回去以后，能随分随力，继续用功，保持恒常。若一曝十寒，今天念了明天不念，想到又念，如此无常性，也不得感应。“行之乏勇”是说修行没拿出全部力量。我经常说：人在造罪业时，都是拿出全部力量，修行也应拿出全部力量。你们到这儿来，可说是拿出全部力量，我看好多同学整天拜佛，拜得海青都湿透了。造罪时，会拿出全部力量，因贪图眼前看得见的东西，而修行做功德，因眼前看不见果报，因此没拿出全部力量，如此无形中造了很多罪业，自己还不知道啊！希望各位修行时，拿出全副精神，方能打倒业障。

第三，见异思迁，发愿不切。今天看这个好就修这个，明天看那个好，就修那个，反复无常，修行不纯一，也是不得感应的原因。同时，发愿不痛切也是，应以“五体投地，如大山崩”的精神，至诚恳切发愿往生。

第四，不惜光阴，悠悠忽忽。不把握时间，随随便便把光阴浪费了。

第五，心缘诸事，五蕴炽盛。我跟各位讲过，我们的心妄想纷飞，到处攀缘，即所谓“心猿意马”，不念这个，就念那个；不念佛，就念五欲，这就是五蕴炽盛。

第六，爱憎不明，心水混浊。这点很重要，我们念佛的人，不把心放在专一修持上，口里念佛，心里起世间的爱憎心；又是谁对我无理，我要如何对他不客气；又是谁对我很好，我也很爱他。如此爱憎不明，致使原本清澈的心水混浊了，当然不得感应，水清才能现月，要想得感应，就须放下世俗的爱憎心。

第七，分神驰骛，内外经典。这是说，进了门，但精神不统一，今天念这个经，明天念那个经。有的人来打佛七很精进，很少看他睡觉，但《金刚经》也念，《弥陀经》也念，又是大悲咒、楞严咒、往生咒、八十八佛、《普门品》都念。我就当面跟他说过，精进修持很好，念经咒也都是好的，但念得太杂，不纯一，当然得不到感应。

第八，不间闲话，不断征逐。修行首先要把闲话间断，因此在佛七中禁语，不准你们讲话，理由在此。而且也不让你们接见外客，连外来信件，等佛七圆满才让你们看，目的是要你们精神能专注统一，彻底集中。

刚才说的八点，若有一点，则临命终时没有把握，这是值得大家警惕的。所以说念佛如鸡孵卵，常叫暖气不断，即所谓净念相继，在日常生活中，不管行、住、坐、卧，皆不断此弥陀圣号，有此精神，便得往生。

念佛不得往生的三点原因

第一，口虽念佛，心生不善，以此不得往生。念佛的人须发菩提心，不发菩提心，也应发善心。若口在念佛，心中打妄想，计划去作弄人、害人，如此心不应口，而且净土都是诸上善人，念念不存好心，怎能往生？我们现在是凡夫，凡夫总是有憎爱之心，这些妄想一起时，应精勤念佛，把这不好的心念退了，才是真正念佛的人，也才能往生。

第二，口虽念佛，心中胡思乱想，以此不得往生。念佛之时，应把心安定，切愿生西方，拿出全副精神来念，佛号须字字分明，如亲在西方，面对慈尊，不敢散乱。有些同学一坐下念佛就打瞌睡，这就是惭愧心不够，古人说，在佛前随便是恭敬心不够。打个比喻：若现在蒋经国先生在此与各位谈话，哪一个敢打瞌睡；佛就比不上蒋先生吗？佛不讲话，你们就随便了，竟放荡地打起瞌睡，应起警惕心就不会打瞌睡。

第三，口虽念佛，心中只想生天得富贵，或说我等凡夫，西方无我份，只图来世不失人身，此则不合佛心。佛希望你生西，你不愿生，以此不得往生。凡夫念佛者，应发愿生西，求得大乐，天上享乐，终须堕落，人间富贵，能有几时？圣贤都是凡夫做的，焉知你不能生西呢？所以应发广大心，立坚固愿，誓愿生西，如此念佛，才能成佛。一般不懂佛法的信众，以天为尊，把忉利天主——玉皇大帝视为最大，六道凡夫第一道就是天道，忉利天主亦是凡夫，他自己还没了生死，我们去求他有何用？或有人想：我没有生西方的命，这是错的，对于生西方，不必自谦，应当仁不让，因为是阿弥陀佛发的愿，我们念他，他就会来接引我们生西，若无往生之愿，纵然精进念佛，亦是枉然。

念佛八法

第一，摄心念。把心收摄起来，即所谓："都摄六根，净念相继。"一切时，一切处，甚至睡眠时，亦不忘弥陀圣号。

第二，勇猛念。打个比喻，如穷人求财宝，纵然财宝放在老虎口中或蛟龙窟底，也要前进不退，念佛须有这种精神，决定往生。

第三，深信念。等同宝珠掉入海中，哪怕赶到海底也要取出，我们念佛须具深信切愿，了生脱死之心。

第四，观想念。如观佛三十二相好，念念见三十二相，忽然在前，如获至宝，可参考《十六观经》观想念佛的方法。

第五，息心念。息掉一切爱憎心、名利心、功过心、希求心、贪恋心、人我是非心，唯念念在佛，就是把一切生死心放下，只存一念佛心。

第六，爱慕心。如少背母，五内悲愍，求佛哀怜摄受。《大势至菩萨念佛圆通章》有说："子若忆母，如母忆时，母子历生不相违远。"即是说：佛如一位大慈母，时刻盼望我们这些流落异乡的浪子，能早日回故乡。我们若能如儿子念母亲一样，忆念阿弥陀佛，佛决定来接引我们，这是二愿契合的缘故。就怕佛的手要来接引你，你不想去，有的国土，佛并没发愿，你却想往那儿跑，是没用的。

第七，发奋念。拿大学联考为例，若今年没考上，发愤图强，明年再来，要有这种再接再厉的精神。又思：净土圣贤都是凡夫去的，我亦不能自轻，也一定要去。

第八，一切念。凡见闻觉知，毛孔骨髓，无一处不念佛，如此名为真念佛。"刹那念尽尘沙佛，方是莲华国里人。"念佛要全身都在念。

莲宗第六祖永明延寿大师，每天处理百事外，还必定念佛十万声，而且他的著作还很多，我曾经看过他的传记，他可说夜里不睡觉的，每天晚上事情做完后，才到后山去念佛，当时有很多人跟随着他念佛、绕佛，那地方的首长看到这种情形大为感动，就在那里帮他建了一个念佛道场。我们若是与古来祖师用功精神相比，那真是差得太远了。

三种念佛不相应

第一，心性不纯，若存若亡故。念佛时恍恍惚惚，心有时在有时不在，没有拿出全部力量，因此不得感应。

第二，心性不一，无决定故。念佛无决定心，亦不得感应。

第三，心性不相续。念佛时不能相续下去，一会儿念佛，一会儿做旁的事，也不得感应。

此三事辗转相成，以心性不纯故无决定心，无决定心故心性不相续，此三事与佛相违，故念佛不得感应。这些都是前人的法语，把它拿出来供养诸位。

人生是无常的，在佛七的第二天，有位杨小姐，家里来了电报，母亲脑筋断了，现已死了。杨太太家里很富有，洋房、汽车样样具备，丈夫也听她的，又能拿钱出来做功德，可说样样好，可是金钱买不到生死路，说死就死，阎王要你去就得去，一点权力也没有，这是值得我们每个人警惕的。

我自己的小感应

我患的是高血压，也是随时都有死亡的可能。像去年暑假期间，我要来此举行佛七的前三天，应台南佛教青年讲开示，又同他们去郊游，回来睡了一觉起来，嘴巴突然不听指挥，讲话哇哇啦啦的，不能自主，心里很是着急，想：我怎么变得这样，可是嘴巴却不听使唤，我该怎么办？过两天佛七就要开始了。来了清觉寺以后，嘴还没好，于是在佛前祈求让我能主持佛七，能讲开示。佛菩萨果然帮忙，过了几天没吃药，也没给医生看就好了。

这次大专学生佛七，要来以前，我就在想："以前我讲话都有翻译，这次大专同学都听得懂我的话，不需要翻译，可是我又不能继续讲下去，若一直讲十分钟，就整个脸变红，头昏欲裂。以前都是讲了一段，趁翻译时休息一下，这次我要怎么办？"可是这次来后却能讲了，这是十五年来，第一次能讲这么久，连我自己都觉奇怪，这都要归功于佛菩萨的加被。

往生不能动爱念

再说往生需要助念，我看《净土圣贤录》里很多往生的故事，其中有很多都是借助念才得往生的。以前上海《觉有情》刊物上，曾记载这么一个往生的故事：有一位念佛的老太太，是个虔诚的佛教徒，她有个儿子，在外做事。有一天老太太觉得有异，预知时至，将要往生，就同她娘家侄儿讲，侄儿就召集老太太平日一同念佛的莲友来助念。老太太一直念佛，也见到瑞相，阿弥陀佛来接引了。正在弥留状态。再说老太太儿子在外，接到他表兄给他的电报，一知母亲病了，赶紧跑回来。儿子平日对佛法不了解，一进门，见妈妈躺在床上，旁边围了许多人在念佛，一见情势不妙，冲进房来大叫一声"妈！"他母亲原本随着大众念佛，忽然听得叫声，睁眼一看，是儿子回来了，此时却悲从心起，眼泪也掉下来了。他表兄气得要命，一把拉他出去说："你母亲要往生西方极乐世界，已有很好的境界，看见阿弥陀佛来接引了，你不能乱喊害她啊！"儿子给他表兄一骂也明白了，不敢再叫了。可是老太太却糟了，开始痛苦了，说："没有了！没有了！阿弥陀佛不见了！不能往生了。"此时她侄儿就在旁边劝她说："您一生功德做这么大，又精进念佛，刚刚阿弥陀佛原要来接您去极乐世界的，因您又起了儿女私情，境界才消失的。您现在应把一切都放下，大家帮您念佛，您自己再继续念吧！”因此之故，经过三天痛苦，最后还是看到阿弥陀佛而往生了。如果不是她这个侄儿，她不但不能往生，还要遭堕的，所以临终往生特别重要，各位听了以后，回去可说给家人作参考。

七天的佛七，今天功德圆满，大回向后，一切规矩全部解除，可以自由讲话，甚至你们大声地叫跳我也不管。这七天给你们太大的约束，在这七天中，你们做了一生之中未能做过的事，出了七天家，受了七天出家戒，禁语七天不讲话，这是有生以来从没遇过的生活；还有七天所拜的佛，一生没有拜过这么多，这一生没有念过这么多的佛号，没有流过这样多的汗；还有七天睡觉是睡得最少的一次，除此吃饭也是最少的一次。这些都是你们终身难忘的事，在此七天中，给你们吃了这么大的苦，我实在对不起你们，可是在此七天，你们所得的功德之多，也是你们有生以来，最大最大的一次。好了！念佛回向。

8　念佛与拜佛

弟子　释慧严记

一九七六年暑假凤山佛教莲社大专佛七开示

念佛之意义

佛七今天已是第四天，由于有些同学是初入门，对佛学是一无所知，而有些同学却已有几年的深入研究，程度相差悬殊，我来同你们谈佛法，亦颇感困难，说得太浅或太深都会有人不能接受，还望同学彼此迁就。今晚我来同诸位谈谈念佛与拜佛。

同学们来此参加打精进佛七，只见我教诸位念佛和拜佛。曾经有人问起，念佛与拜佛何者为佳？关于这问题，两者都是很重要。《华严经》上普贤菩萨十大愿，一上来就是拜佛和念佛。第一大愿礼敬诸佛，即是拜佛。第二大愿是称赞如来，即是念佛。为什么要念阿弥陀佛？如何来念？这都是值得探讨的问题。起先我来解释“南无阿弥陀佛”这六字洪名。南无两字是依梵音直译，意义是归投礼敬。至于阿弥陀三字，依照《佛说阿弥陀经》里的说明，是无量光、无量寿的意思。经云：“彼佛何故号阿弥陀？舍利弗，彼佛光明无量照十方国无所障碍，是故号为阿弥陀。又舍利弗，彼佛寿命及其人民无量无边阿僧祇劫，故名阿弥陀。”这无量光明超越空间，而无量寿超越时间，也就是超越时空的限制。佛是大觉圣人，原称为佛陀耶。由于中国人喜好简略，所以略称佛，如菩萨是该具称菩提萨埵的。

记得在我们家乡，我出家的那个庙上，出家人亦多不懂佛法。有一天，我们到信徒家里去做佛事，那施主请问南无阿弥陀佛的意义，其中有个和尚，就充内行，说那还不简单，南无就是南方没有的意思，所以南无阿弥陀佛意思就是南方没有阿弥陀佛，因此经里说，阿弥陀佛在西方。人家又问何谓四生六道，他的答案是四个和尚六个道士。天啊！这种望文解义的解说，真是误了众生，而当时的我，也是糊里糊涂的。

其次，我们来探讨为何要念佛。有人说念一句阿弥陀佛能灭八十亿劫生死重罪。这道理何在呢？我们必须要找出来，如此才能坚定我们的信心。关于念阿弥陀佛，我们分事与理两方面来说明。在事相上来说，确有其事，也确有其人，《弥陀经》上说得清清楚楚，说：从是西方过十万亿佛土，有世界名曰极乐，其土有佛号阿弥陀。在理上说：吾人心中，个个均具有个阿弥陀，这自性弥陀即是我心，我心即是阿弥陀佛，不向外求，自性本具。而何以这自性弥陀无能显现呢？即是被妄想杂念所蒙蔽。

如今我们要坐也阿弥陀，行也阿弥陀，二六时中不离开阿弥陀，即是要以一念止万念，不将自性弥陀寻回，决不撒手。阿弥陀佛，既是无量光、无量寿，而我们自性也是无量光、无量寿。这岂待他求呢？只要我们识得此真理，以外在的阿弥陀佛，来抵摒一切的物欲，要见到我们的本来面目，又有何困难呢？如今我们的自性，好比一块金子，物欲妄想又好比粪坑。当我们这块金子掉在粪坑里，但它并没有受到丝毫的损伤，当我们洗涤清净，这块金子也不会多增加些，所以在理上来说，它是不垢不净、不增不减，而心、佛、众生是三无差别的。说到这里，同学们尤其是初学的，可能听不懂。现在我来简单地说念佛两个字的意义。念这个字，上面是今，下面是心，即今天的心的意思。佛即觉者，觉悟的意思，觉的反面是迷。也就是不念佛者是迷，念佛者是觉，而迷者众生，悟者佛。众生一天不念佛，则一天迷，天天不念佛，永久迷，天天念佛，则天天步向觉悟的大道。要知道，念佛，就是念念成佛，将自性的光明念念显发出来。中峰国师有句话说：

念佛既从心出，结业岂属外来；
须臾背念佛之心，刹那即结业之所。

念佛既从心出，是说念佛要用心，不单是用嘴念，要先起心动念，才能由嘴念出。结业岂属外来，结业就是造业，我们念佛既然是由心念，造业哪里是从外来的，完全是由于起心动念，才引发身口去造业的。所以说：

罪从心起将心忏，心若灭时罪亦亡，
心亡罪灭两俱空，是则名为真忏悔。

念佛、造业都是由心起的，我们的心能造恶亦能造业亦能行善，而人们之所以造恶，均是须臾背离念佛之心。我们的心，只要有一丝毫的时间不留神，让它离越念佛，当下就是我们造业的机会，所以说刹那即结业之所。要知道我们什么时候不念佛，什么时候就造业。我们众生不是倒向这边，就是倒向那边；不是做好人就是做坏人，不是成圣贤就是成凡夫。由于我们的妄念不断涌现，所以要时时刻刻念佛以制服它。正如《佛遗教经》云："制心一处，无事不办。"能够如此，纵然不能即时成圣成贤，也已不再造业而迈向成佛之道了。由此可知，念佛即是念心，即是念自己，关于念佛的意义，无论事或理，都是说得通的。

念佛往生要下决心

一个念佛的人，照理说要以成佛、往生净土为目的，这说是很容易，但是真正发这种心的人，却没有几个。尤其是在座的诸位，希望的是现前念佛，现前得到受用，往生西方净土，那还早，那是老年人的事，而老年人也未肯发心，因此念佛的人多，往生的人却是很少。这并不是阿弥陀佛不肯慈悲接引，而是我们不肯去啊！请问在座诸位，有谁想发愿往生呢？现在念念是可以，至于要去极乐世界才不呢！

过去有个老太婆，同媳妇处得不融洽，只要一吵架，就到庙里来，三支香一上，就开始祈求，求什么呢？她求：佛祖啊！佛祖啊！你慈悲带我去吧！这个世界太苦了，我不要住了，我要到西方极乐世界去。这个老太婆经常来，祈祷时，是有哭有笑的，活像真的。而这个庙上的和尚，也很有意思，他心想这个老太婆天天来，来时就祈求阿弥陀佛带她往生极乐世界，我倒想来试验一下，她是真要去，还是假的。有一天，这位老太婆又从远远的地方来了，和尚看到了，就躲在佛桌底下看个究竟。老太婆进了庙门，上了香，又开始哭着说话。她说："阿弥陀佛啊！我天天上香，天天称念你老人家的名字，希望你能赶快接引我到极乐世界去，这个世界太苦了，我不要住了。你什么时候接我去，我都很愿意，就是你现在要接我去，我也都很愿意。"这时躲在桌底下的和尚就开口说话了，和尚说："某某老太太啊！你业障很重，应该还要受多少年的苦，但是我看你很诚心，我就慈悲慈悲，现在就带你去吧！”这老太婆一听吓死了，拔腿就跑，再也不敢来了，她哪里是真的要生极乐世界，不过是嘴上说说而已。诸如此类的人是很多，所以念佛的人多，而成就的人少，都是因为我们的心不切的关系。不过话说回来，我们念佛的人，要下决心，才有功效。省庵大师说：

善事弥多，生死弥广；
一念爱心，万劫缠缚。

一般社会上的人，都欢喜做善事、种善根。这说起来并不是有错，但却有差。要知道善恶相对，当我们行善时，有喜怒之心，则善事做的愈多，所结的生死缘也就更广，主要原因，就是一念爱心的执着，致使你万劫仍被缠缚，爱欲是生死的根本，我们不能不谨慎啊！我们众生之所以为众生，都是因为爱心的驱使，所谓爱不重不生娑婆。今天我们提示诸位的标语是：

爱河千尺浪，苦海万重波；
欲免轮回苦，及早念弥陀。

爱心不断，想要了生死是不可能的事，再则我们的生死心不切，家缘放不下，人情谢不去，念佛心不专，致使我们念佛不能起大作用。念佛的人，生死心要切，才有力量。能把家缘世事斩断，六字洪名才能尽力提撕。六字洪名是指的南无阿弥陀佛，要想念佛见效，就得下决心，放下一切家务世缘，只有一个阿弥陀佛的念头，要声嘶力竭地称念。因此你们来此，我要你们放下万缘，不准说话、通信、看电视、阅览报章杂志，日夜只此一念，抓住它不放，如此才能提起道念来。要不然想脱离娑婆，往生安养国，谈何容易？不能往生安养国，不能脱离生死，而要免除堕落三恶道，那更休想了。所以说：

西方佛国非悠悠散善所能致，

万劫生死非因循怠惰所能脱。

而这两句话，非常重要。西方佛国不是我们以一种散漫心，想起就做，没想到就不做，如此三天打鱼，两天晒网，所累积的功德，就能到达的。经云："不可以少善根福德因缘得生彼国。"这善根福德因缘，是须要我们勇猛精进去累积的。万劫生死不是因循怠惰所能脱免的，我们现在都只是因循怠惰而已，处处倚赖，处处原谅自己，不肯吃苦，不肯下决心。比如我们想喝开水，必须用大火来烧，如果你在炉上放了一大锅冷水，而只燃了一点火把，人就跑开，过了二三小时，再来燃一把，又去了半天再来燃一把，如此你就是八年、十年也无法将这一锅水烧开。我们念佛就要像烧开水一样，用那熊熊的烈火，将全部力量投注下去，以期见效。

放下、念佛

先说一个譬喻：如有某一地方，有一条宽数丈、深万丈的鸿沟，在东岸有茂林丛舍，西岸则是松竹田池。有一天，东林失火，风疾火烈，其势已燃眉之险。忽然有一善士，为他们架独木桥，通到西岸，以便他们渡过灾难。又在两岸系绳，以帮助他们，哪里知道，东岸的人民，舍不得家财，手提背负地走上独木桥，由于人身上背负过重，重心不稳，都相偕失足，落向沟壑粉身碎骨。后上的人，正在犹豫之际，忽然见到桥端有一棵树，树上有偈云：

放下来过独木桥，一根绳索把持牢；
诸君试向沟中看，尸骨为何垒垒高？

此时，有智慧的人，一读此偈子，都放下财物，安然逃生。

这比喻是在说些什么呢？东岸比喻娑婆世界，三界火宅；沟壑比喻三途也；西岸比喻极乐世界；灾民比喻生死凡夫；家财比喻五欲六尘；独木桥比喻往生极乐之道；一根绳索比喻一句弥陀是也。

我们念阿弥陀佛，什么都放下，依着这根绳子到西方极乐世界去，这是说的念佛。念佛是要专要勤，不要今天念这个明天念那个，记得有一次台中女师专的一位女学生参加台东的精进佛七，她也是什么都不懂，只是常听精进佛七的事，所以心血来潮就来参加，并且带了一本厚厚的笔记，想要好好地做个记录，哪知道不是她想象中的那回事。第一天下来，她心想：怎么一天到晚只是念佛，没有其他的事啊！大概明天会换换花样吧！可是第二天还是一样。一时间，她大失所望。在佛七圆满的检讨会上，她说出了她当初的感想时，使得大家哄堂大笑。诸位同学，可能你们其中，也曾有这么想法的人吧！就这么一句阿弥陀佛，能够把它念好，必有大用处大感应，要知道：

人人念佛便成佛，动静闲忙莫变差；
念到一心不乱处，众生家是法王家。

拜佛的益处

其次说到拜佛，不单单是你怕拜佛，大家都怕拜佛，想想以你至为尊贵的头，来顶佛的足，如果不是有相当的尊敬心，你是拜不下去的。可是要明白，一个人的头低下去了，而你的人格也随之升华了。礼佛一拜，福增无量啊！一般人以为自己的头，是尊贵异常，事实是否如此呢？

当阿育王在世时，他鼎力护持佛法，见到出家人就顶礼膜拜。当初他的弟弟老提出抗议，认为阿育王毋须以贵为国王之尊来礼拜出家人，尤其是他自己本身，自认为他是王公大臣，不应以那尊贵的头，来顶礼出家人的足。阿育王颇费心思地想出一个主意，要来改变他弟弟的看法。

有一天，叫他弟弟提着一个死囚犯的脑袋，及一些拿着狗头、羊头的大臣，一起到街上去，把这些头卖掉，结果狗头、羊头有人买，而人头却没人要，沿途还遭人唾骂，黄昏了，人头发臭了。阿育王还是要他的弟弟第二天再去卖，结果人家看都不要看。回来交差时，禀告阿育王说："陛下慈悲，这人头实在卖不了。"阿育王说："你不是说人头是最为尊贵的吗？怎么会卖不了呢？"此时他的弟弟才恍然大悟。

精进佛七日记序

创办精进佛七，正式开始是一九七二年农历二月初一，筹划建念佛堂又更在两年之前，最初在筹建期间，可以说一无所有，甚至连地皮都没有。但只要“人有诚心，佛必感应”。没有地皮，而有赵云鹏居士发心捐献念佛堂地皮；没有钱，也由各地檀施慨然乐助，而有现在念佛道场建设；没有西方三圣佛像，而有香港王妙贤居士独资敬献庄严圣像。西方极乐世界是阿弥陀佛为法藏比丘时，发四十八大愿，愿力庄严而成。清觉寺精进佛七道场，也是由慈琛住持，慈宗、慈照监院，陈明造等护法愿力庄严起来的。

回忆精进佛七初开始时真是因陋就简，哪有现在装备齐全，一切都上轨道。开七时，佛堂前连盖篷遮阴挡雨都没有，因此最初几期佛七中，下午太阳一直晒到佛像前，阵阵的大风雨更是灾情惨重；临时盖的布篷，遇上了狂风暴雨，也是饱受威袭。还有往清觉寺的走廊道路，也是从第四期佛七以后才设法盖起来的。

精进佛七的一切规矩法则，没有前人的成规可以参考，一切事开头难。本来我想精进佛七举行后，请些有道高僧按期来主七开示，我也联络南北的长老们。可是第一路远，第二时间紧，我们是每月举行一次，每次都农历初一开七，这是佛光山主星云法师的建议；我们清觉寺地点在台东知本温泉山里面，交通不便，长老们没有办法能按时间请来。再说我们佛七完全是义务的，往返川资都要自己掏腰包的，就是长老们发心结缘，我们良心也说不过去，因此对此未敢实行。还有受八关斋戒，在精进佛七开始时举行，这也是史无前例的，修一切佛法皆以戒为先，所谓“因戒生定，因定发慧”。精进佛七加上八关斋戒来修行，真是“如鸟双翼，如车双轮”，其功德力更加不可思议。不以持戒为根底的修持，是没有基础的。

最初立规矩没有前人的依据，也是要有决心和毅力的，如佛七中七天不许讲话，也不知有多少师友提异议，我还是克服一切困难，贯彻到底；到今天，我已主持了五十多期的精进佛七，业已成为定规了。受八关斋戒，晚上持午不吃饭，这一条也有很多异议，我也是坚持己见，择善固执。因为凡有大的修持，一定要吃得少，才会少生很多毛病。这是以我个人经验和古来大德的行持，作为凭依。他们虽然没有在文字上说明。可是他们修持没有不持午的。修般舟三昧更苦，可是吃得更少，每天一餐。我本人在普陀山打弥陀佛七时，每天念十一万声佛号以上，都是开声念佛，句句分明，追顶念佛。佛七以后，法雨寺的一位老修行对我说：所幸你是一天吃一餐，不然你会出毛病的。

精进佛七每日念佛的时间，比普通佛七多一点，最初几期佛七，时间没有现在多，也没有现在的规矩严，原因是怕一开始就这样严，人家不敢来。因此黎振东居士去参加后说："这样的时间表，任何人都能适应，这样的课程表，任何人皆能修持，不杂不乱。"最初八关斋戒，只有第一天持午坚持到底，以后就可以偷偷地吃东西了；也可以小声在房间讲话，后来规矩越来越严，一方面也是检讨会上，打佛七的人自己提出检讨要求严。在前两年，连每天八百拜的规定也没有，念佛一万六千声也没有，可见那时还是很轻松的。到一九七四年二月份，精进佛七才开始增加有每日除九支香以外，要拜佛八百拜，老年人不能拜，改为每日九支香止静听开示外，还要念佛一万六千声，七天合计十万八千声佛号。那时有一位黄妙莲居士（现已出家）提议要求发给结七证书，我们乃立此规矩。那次检讨会上，黄妙莲说：“精进佛七这样苦，佛七后什么证书也没有，我们受五戒或菩萨戒，七天很轻松，圆满后每人都有一张受戒证书，精进佛七也应有证书给我们……”因此从一九七四年开始发给结七证书，同时也硬性规定佛七中每天八百拜的规矩。

精进佛七日记一、二、三期都由慈宗法师在每次佛七结束后加以记述、缮写，然后送去《觉世旬刊》，按期发表，前后刊登了两年多。第四期的日记，是由台中乌日的郑孟星居士记出，舜生是其笔名，也是一九七六年《觉世旬刊》上刊登的。多年开示内容或许有重复地方，尚请读者原谅。四期日记共有九万多字，再由凤山佛教莲社陈丽丽居士誊清，更承张心义居士等更正校对，此书出版前，援例要一篇序言，故将佛七最初开创的经过加以说明，以此而为序言。

一九七七年农历四月十五日煮云序于凤山佛教莲社忏悔室

精进佛七日记

煮公上人讲　弟子慈宗记

1　谈八戒六念的重要

晚上大回向时，上人再作开示，把昨天未讲完的受持八关斋戒的功德续讲，简略如下：昨天说八关斋戒，外应受持八条戒相，内则应具六念，八戒前四条为性戒，它本身就是罪恶。与五戒所不同者，为五戒仅断邪淫，而八戒则正淫亦断。故云：梵行优婆塞、优婆夷，饮酒为万恶之源，众罪之本，因此遮止，不令放逸，故受持不饮酒戒，即为不放逸。八戒之后三戒，本不严重，但若不持，亦会影响身心。同时受八戒，即如出家人无此习气，故须严加受持。

持戒者可防止身口意三业之过恶，身之过为杀生、偷盗、行淫；口为妄语、两舌、绮语、恶口；意为贪欲、嗔恚、愚痴。三业清净即为出世正因。内具六念，净其心意，不得有其他念头，六念者：

（一）念佛——慈悲导师，佛者正等正觉，具足十号，有大慈悲、大愿力、大光明，神通无量，能拔众生之苦。念佛如何成佛？如何度众生？以佛心为己心，以佛志为己志。

（二）念法——三世父母，一切诸佛，从法而生，皆因法而得成佛道。法亦有共与不共法，难与易之别，如实相与观想之念佛法门，均不易受持，因末法时代众生根机浅薄，业障深重，故为不与大众共法。最契机、最稳当、最简易的莫如持名念佛法门。

（三）念僧——人天福田。佛者，佛陀已入涅槃。法者，佛法无人说，虽智不能了。僧是如来弟子，有圣贤僧和住持僧之分。圣贤僧，就是文殊、普贤、观音、弥勒等诸大菩萨。住持僧，就是目前住持出家弘法利生的僧宝，具足戒定慧，代佛弘法度生，能为世间良福田，令众生广修福报，故须事僧如佛，此为念僧。

（四）念天——常寿安乐，受持八关斋戒，如不回向西方，则必生天，诸天受自然之快乐，皆由往昔修持戒施之善根，生天虽为凡夫法，但有人不堪入于涅槃，故念后之升天而起行趣求。在家居士虽拜天，而不念天，拜天虽能得到发财、不生病等福报，却不一定能生天，但持八戒则能生天。

（五）念戒——清净身心，防恶止非，诸恶莫作，众善奉行，持戒则光明，破戒则黑暗，戒行有大势力，能除众生之恶，不善之法，故慎思精进护持，不令破戒毁犯。

（六）念施——普济贫穷，念施有大功德，能除众生悭贪之重病，应以善施摄取众生。布施者得福，悭贪者贫穷，欲求来生得大安乐、大福报，则应趁有生之年，多行布施，多做功德，广植福田，切勿因悭贪而遭恶报。

此六念在此比较容易持守，在家则较困难，因为在家时常挂念家庭儿女、事业财产等等，不能深具六念，因此大家既然来了，就应放下万缘，保持六念，或只一心念佛，亦能清净身心，具足六念。因此无论修持任何法门，均应以布施持戒为助缘。

2 如何得念佛三昧

过去有人问慈照导师说：弟子专修净业，欲得念佛三昧，可用布施、供养、作福否？师曰：汝能专念弥陀，若不持戒则有毁犯戒，若不布施则长悭贪业，若不供养三宝，则有我慢业，若不恭敬一切，则有轻人罪。是故毁犯即堕地狱，悭贪即堕恶鬼，我慢则长生恶道，轻人则世世贫贱。似此恶业障蔽，欲生净土其可得乎？故念佛行人，欲得净业成就，皆须融通法要，不背经旨，庶不误入歧途。

上次佛七开示时，为针对不守规者，因此乃为讲规矩，而少说佛法。参加上次佛七的人有多数不开口出声念，这次较好，因此希望大家要发心地念，诚恳地念，提起精神，切勿昏沉。有的人于大家念佛声音愈大时，他愈瞌睡昏沉不醒；而于止静，他却精神焕发的。此为掉举昏沉，尤其念佛之后更不可昏沉，话说多了打闲岔，希望大家发诚恳心，至诚地念佛吧！

3　两个半人可以讲话

佛七进入第三天了，大家都非常地虔诚，休息时有多数人继续地念佛、拜佛，而且集合的时间一到，大家都能准时站好，可惜的是尚有人小声交谈，实为美中不足的憾事。

早上过堂时，上人为让大家多了解丛林里出家人的生活情形，乃作表堂，讲解了丛林里斋堂的规矩，如：过堂用斋时，出家人均用钵吃饭，钵的捧法，以及一切用具，如：小匙、棕刷、钵巾等，如何使用等等，都是平常难得听到的轶闻；闻所未闻，大家心里非常地高兴，得到了很多宝贵的知识。丛林的斋堂里只有两个半人可以讲话。一是大和尚，随时可表堂开示。二是僧值师，可随时纠正犯规者。三是行堂，但行堂只许交头接耳，小声谈其工作之有关意见，不得大声讲话，因此只算半个人，所以说只二个半人可讲话。还有僧值师要向大众表堂，一定要等大和尚走了，或大和尚未来过堂时，才可以表堂。

4 净行持一日，斋戒放千光

受持八关斋戒，最好是在六斋日受持。即每月初八、十四、十五、廿三、廿九、三十，月小廿八、廿九日，六日鬼神逐人，欲夺人命，降诸不吉祥。是以劫初圣人，教以持戒行善，但不明斋法，不受八戒，只以一日不食为斋，佛世始叫人受持八戒，过午不食。此六日每逢初八、廿三为四天王遣使者巡察众生善恶。凡众生不知布施持戒，不孝顺父母，并作诸恶业等，便上忉利天启禀天帝，帝心不悦，遂降灾殃，以作惩戒；若持戒布施，孝顺父母，作诸善行，天心欢乐，福庆随至。所以于六斋日，持斋受戒得福特多。天帝释有偈云："六日神足月，受持清净戒，是人寿终后，功德必如我。"佛弟子请问佛陀，天帝说偈之真实性，佛告比丘，天帝偈为真实话，所在之处，有此八关斋戒者，恶鬼远离，住处安吉，如偈云："凡愚颠倒见，苦窟作欢场；五蕴皆枷锁，六门惹祸殃；净行持一日，斋戒放千光；此去生天捷，当来出世偿。"

所以，我们要修持解脱道，必先关闭六根门头，未能解脱均为凡夫愚痴颠倒邪见所致，把苦空无常的世界，认作是欢乐场所，所以我们要"都摄六根，净念相继"。所谓："净行持一日，斋戒放千光。"我们本身的光明与寿命，就是佛的无量光、无量寿，但因被五欲六尘烦恼习气之所遮止，故如能持戒，即与佛同光寿，升天捷速。并简略提示八种长养功德，经中自受八戒之方法（另附录于后），这是我从《大正藏·律部》精装本（第廿四册）中找出来的，是八关斋戒最浅易的方法，大家在此打精进佛七，兼受八关斋戒，是非常难得的机会，功德是非常大的，应更加欢喜诚恳大声地念佛。

5　佛说八种长养功德经

宋·法护筹译

归命一切佛，惟愿一切佛菩萨众摄受于我，即说伽陀颂曰：

我今归命胜菩提，最上清净佛法众；
我发广大菩提心，自他利益皆成就。
忏除一切不善业，随喜无边众福蕴；
先当不食一日中，后修八种长养法。

当知八种长养法者，所谓八戒，弟子应于阿阇黎前二三重复，说是伽陀已，次复当称己之名字。“我名某甲，惟愿阿阇黎，摄受于我，我从今时发净信心，乃至坐菩提场成等正觉，誓皈依佛二足胜尊，誓皈依法离欲胜尊，誓皈依僧调伏胜尊，如是三宝是所归趣。

“我某甲净信优婆塞，惟愿阿阇黎，忆持护念我，从今日今时发起净心，乃至过是夜分后，于明旦日初出时，于其中间奉持八戒，所谓：（一）不杀生，（二）不偷盗，（三）不非梵行，（四）不妄语，（五）不饮酒，（六）不非时食，（七）不花鬘庄严其身及歌舞戏等，（八）不坐卧高广大床。我今舍离如是等事，誓愿不舍清净，禁戒八种功德。”三重复作如是说。

又言：“我持戒庄严心行，令心喜悦，广修一切相应胜行，求成佛果，究竟圆满。”又说伽陀曰：

我发无二最上心，为诸众生不请友，
胜菩提行善所行，成佛世间广利益，
愿我乘是善业故，此世不久成正觉，

说法饶益于世间，解脱众生三有苦。

《大正藏》第廿四册《律部》页一一〇四

6 五观若明金易化

中午过堂时，上人再表堂说明食存五观的意思：大家在此能够安心念佛，饮食无缺，应该细思常住米菜等等之来处不易，勿辜负常住一片苦心。大陆斋堂有一副对联说：“一粒米都是农夫血汗中流出，半瓢水皆由行者肩上所挑来。”还有古人描写农夫耕种之苦况：“锄禾日当午，汗滴禾下土，谁知盘中餐，粒粒皆辛苦。”所以佛教古德说：“五观若明金易化，三心未了水难消。”须念一粒米，来处之不易，心存五种观想，好好地念佛，否则信施难消。五观者：（一）计功多少，量彼来处。此食垦植，收获舂磨淘洗，炊煮成功之难，施主减其妻子之食，拿来求福，我们吃饭时应存此观。（二）忖己德行，全缺应供。若不诵念修持受人信施，为施所堕，不宜受食；德行若全，则可供应，食应存此观。（三）防心离过，贪等为宗。出家须先防心三过，上味食起贪，下味食起嗔，中味食起痴，以此不知惭愧，堕三恶道，也应食存此观。（四）正事良药，为疗形枯。饥渴为主病，四百四病为客病，故以食为医药，用资其身，食存此观。（五）为成道业，应受此食。不食则饥渴病生，道业何成？《增一阿含经》云："多食致苦患，少食气力衰，处中而食者，如秤无上下。"应当食存此观。

早上，宣布执行规约以后，效果确实非常良好，已没有听到谈话声，且大多数均甚虔诚地礼佛、念佛，不像前几天之放逸了。因此，可知我们的习性，因为放逸、懈怠，成为习惯，非经适当警策，是不肯用功的，不过这一届较上次不同的是，上届有人发愿七天之内禁语，且有三四人之多，但这一届却没有人发愿七天之内禁语，甚至起先几天还多数小声交谈，至今天上人宣布严格执行规约，才无闲谈话声，此亦觉得有些不同之处，也更感到精进佛七期间参加人员禁语之可贵。

7　各人生死各人了

晚上，上人再作开示如下：修持净土法门须具备信、愿、行三资粮。有如我们平常出门必须带钱以备用，否则岂非寸步难行。如今我们要到遥远的西方极乐世界去，更须多准备。但可不是准备世间的金钱，而是信、愿、行，这三种是求生西方的资粮。如果准备不充分，就不能有把握往生西方，要知"各人吃饭各人饱，各人生死各人了"。如果自己事先不充分准备，要依靠儿孙的孝顺做功德求往生，那是不可能的，希望非常渺茫。

如《楞严经》说：“佛陀之堂弟阿难尊者，自恃聪明多闻，记忆好，不用功，自以为是佛陀的爱弟，佛陀就能提拔他脱离生死的苦海。但是，哪里知道，遇到了摩登伽女的迷惑，竟不能自持，几乎破了戒体，堕入魔网。幸经佛陀派文殊菩萨前往拯救，才脱险回来。乃痛哭失声地说：‘恨无始来，一向多闻，未全道力。’”因为他恃多闻，忽略定力，不肯下功夫修持，以为他是佛陀最疼爱的小弟，以为如来能惠他三昧。因此，遇上摩登伽女，几乎不能脱险。所以佛陀对他说明，各人生死各人了，他人是绝不能替代的，所谓“父母身心，本不相代”。因此我们修持净土法门，求生西方极乐世界，信、愿、行三种资粮，要自己去准备，他人是无法代为准备的。《华严经》云：“信为道源功德母，长养一切诸善根。”“佛法如大海，唯信能入。”

（一）信自心具佛性，故必成佛。信自心与佛及众生三无差别，须自尊自重。我们乃因无始以来造业受报而轮回六道，头出头没，今天既得人身，又闻佛法，实是累生累劫所修持得来的，应把握此难得机会，至诚念佛求生西方。所谓：“人身难得今已得，佛法难闻今已闻；此身不向今生度，更向何生度此身。”今生如不修行以了脱生死，再要等来生就不容易了。

（二）信极乐实有。佛陀是正等正觉的大圣人，绝对不会欺骗我们的。《金刚经》上说："如来是真语者，实语者，如语者，不诳语者，不异语者。"《药师经》上说："一切如来身语意业，无不清净，此日月轮可令堕落，妙高山王可使倾动，诸佛所言无有异也。"《弥陀经》也说："十方诸佛说诚实语，同赞极乐净土。" 极乐世界乃弥陀如来，因地悲心所发宏愿之成就，绝对实有的，不是凭空想象的。

（三）信此法门具信、愿、行即能往生。《弥陀经》说："若有人已发愿、今发愿、当发愿，欲生阿弥陀佛国者，是诸人等皆得不退转于阿耨多罗三藐三菩提，于彼国土，若已生、若今生、若当生。""若有善男子善女人闻说阿弥陀佛，执持名号，若一日、若二日、若三日、若四日、若五日、若六日、若七日，一心不乱，其人临命终时，阿弥陀佛与诸圣众，现在其前，是人终时，心不颠倒，即得往生阿弥陀佛极乐国土。"《弥陀经》是阐扬持名念佛方法，《观无量寿经》是观想念佛方法；另有观像、实相念佛方法，但此二种方法犹如禅宗之不易了解、修持，唯有持名念佛一法，最为直截了当，最为简易稳妥。

8 几种修持方法

极乐世界，内分九品，即上品、中品、下品，各三品。通常说，上三品是地上菩萨，中三品则是断惑证真的阿罗汉果才能往生，我们应时具欣厌之心，即欣慕极乐之乐，厌恶娑婆之苦。如不能往生，乃愿力之不真诚，留恋娑婆世界之种种，如家庭儿女、财产、事业等等，以致障碍往生。更有人发愿升天，这都是不正确的愿力。要知娑婆世界是苦的，内有生、老、病、死，外有水火、刀兵、台风、地震、冬寒、夏热等等由自然界产生的痛苦。凡此种种内外身心之苦，我们都无法自已做主。因此，在此杀盗淫妄、贪嗔痴迷、众苦充满的现实社会里，实不易修行，所以应发愿往生极乐世界。

极乐世界的众生无论内外都是无有众苦，只有享受种种的快乐。如身体则由莲花化生，轻暖舒适，光明、寿命无有限量；外则七宝行树、七重栏楯，衣食自然而成，诸上善人俱会一处；内无生老病死、忧悲苦恼；外无水火刀兵、台风地震等等众苦。况且往生极乐，取得不退转：行不退、念不退、位不退等三不退转。而此界则依善恶业报之牵引，不断地轮回流转。往生彼界神通妙用，自由自在，光寿无量，直到补处之位。因此，我们须深信发愿，修持往生。

实行：行有正行、助行与通行。通行有三种：（一）奉事师长，孝顺父母，慈心不杀，修十善业——此为世间的人天法。（二）受持三归，具足众戒，不犯威仪——此为出世的小乘法。（三）发菩提心，深信因果，读诵大乘经典，劝进行者——此是出世的大乘法。

正行者：即持念阿弥陀佛圣号。如时间上不允许，则可用十口气念法，即每天早晚盥洗之后，于佛像前，无佛像则面西而立，虔诚念皈依佛、皈依法、皈依僧，南无本师释迦牟尼佛、南无弥勒菩萨、南无普贤菩萨各一拜，南无西方极乐世界大慈大悲接引导师阿弥陀佛三拜，然后长跪或端坐或站立，或出声念，或澄心默念。阿弥陀佛四字，尽一口气为一念，如是十口气，名为十念往生法。随气长短，不限数目，惟长惟久，气极为度。

如是十气，连绵不断，意在令心不散，专精为功，念毕再念南无西方极乐世界大慈大悲阿弥陀佛、南无观世音菩萨、南无大势至菩萨，各一拜，再念回向偈：“愿生西方净土中，九品莲花为父母，花开见佛悟无生，不退菩萨为伴侣。”注意！须字字念念分明，清清楚楚，念由心起，声自口出，音从耳入，三处要相应，否则口念佛号，心打妄想，是无功德的，或者亦可加数息观念佛，以呼吸之缓急配合佛号专心念之。此十念法为时间忙者修持之法，但如时间许可之人，应多念佛，切勿以为十口气念佛即可，而懈怠放逸。应知往生与否，全凭信愿之有无；品位高下，都看念佛之深浅，这是智旭大师的名言。因此我们念佛越多越诚，品位越高。还有记定数念佛只能增加，不能减少，无论何种方法念佛，须全部回向极乐世界，话说多了，大家还是好好念佛！

9 跪沙弥，打比丘，火烧菩萨头

晚上大回向前，上人又作简略开示如下：佛七今天已是第六天，明天晚上大回向就结束了，大家在这几天中都觉得非常辛苦。但是，以后如果你们回忆佛七之生活情形，必会感到很有意思的；否则的话，参加过第一次佛七的人，这次怎会又来参加呢？因为第一次比这次更苦，但事实证明参加过第一次的人，这次也有五六人再报名来参加。因此，只要心具虔诚，必不觉得辛苦的，所谓“诚重劳轻”。其实这种生活与我们在大陆上受戒时的生活相比，真有天渊之别。

大陆上传戒，像我是一九四一年春期在栖霞山受戒五十二天，我们的得戒若舜老和尚，他是宝华山维那下山的，宝华山维那要在山上住十八年才能当到维那，而宝华山传戒是出名的，规矩最严格的。重要的教礼都是老和尚亲自下堂教，陪堂和尚打人最凶。例如：有几次普打，堂师问：有否杀生？戒子必合掌恭敬回答："阿弥陀佛！弟子没有杀生。"他就拿起藤条往头上就打，说：妄语！妄语！戒师再问：难道你连地上的蚂蚁也没有踏死一只？戒子答：这是有的。于是他打得更凶，说杀生伤命，罪过！罪过！业障！业障！总之，要打你，无论你回答的话，是对是错，是有理是无理，均要挨打。

其他如受戒时，只要听到喊"长跪"的声音时，大家的魂魄，真像要飞散到九霄云外去。因为那时的场地，不像现在台湾各寺院传戒，不但是水泥地，还准备了蒲团；那时的地是高低不均，凹凸不平的石子地，每当长跪时，最长的一次四小时，短则二三小时，那种疼痛，实在不能忍受。有人跪久了，痛得满身冒冷汗，戒师见了不但不会同情，甚至还要责骂他说：真没出息，稍为一跪就满身大汗。

另外如放香"剃头"也令人骇怕。因为剃了头，不久一定要遭到普打。那种整把杨柳枝在你头上痛打的滋味，实在不好受。五十二天中，不是挨骂，就是挨打，或者是跪，因此戒场里流传着一句话："跪沙弥，打比丘，火烧菩萨头。"受三坛大戒，各有不同的痛苦给你受。像这种痛苦，你们一定无法忍受得住的。其实只要提得起，放得下，无论什么痛苦，也都能忍受得住的。

这里比平常稍为严格一些，大家就认为太辛苦，受不了，其实这种佛七还不太严格精进。我个人在普陀山曾打过精进佛七三次：一次观音七,一次地藏七,一次弥陀七。一天廿四小时之中,只休息五个小时。如打弥陀七，一分钟念一百声佛号，加早晚各一千声，总算是十一万声佛号。天天如此，睡觉只睡四小时，其他浪费一小时，那是吃一顿饭和大小便。其余都是念佛，毫不休息，也不觉得辛苦，可见心若虔诚，身是不会感到苦的。

佛七本该多讲些佛法，以免浪费大家的时间，但因有人说："太严格，太辛苦了。"因此，乃讲些我们在大陆吃苦的情形，给大家听，希望大家不要一再以为辛苦，认真用功地念佛吧！

10　纵饶忙似箭，不废阿弥陀

昨天讲到信、愿、行三资粮，信、愿均已讲完，行之通行亦讲完。正行的十口气念法及定数念法也都讲完。今天续讲随缘恒时念，就是随时随地，行、住、坐、卧都须心不离佛，佛不离心，念念相续，如唐朝白乐天云："行也阿弥陀，坐也阿弥陀，纵饶忙似箭，不废阿弥陀。"但切记，卧时或至不净处时，均不可开口出声念，只能心里默念，免犯不敬之过失。儒家有说："口而诵，心而维；朝于斯，夕于斯。念兹在兹，念念不忘。”进一步应念到念而无念，无念而念，时时刻刻无论行、住、坐、卧，甚至梦中亦不忘念佛。而这种恒时随缘念佛法，与早晚功课互不冲突，也就是在早晚功课之外，随时随地抽空念佛。

这种恒时随缘念，还能随缘化度众生，如见人杀生时，虽经济上不能买下它放生，但应生恻隐之心，念佛回向给它，令转生善道。如凤山莲社后面，有专营杀鸡为生者，每天所杀害的鸡，不计其数，无法买来放生，只有念佛回向令其早日投生善道。另者，遇见病人亦可多念佛回向令他早日脱离痛苦，否则就早日往生西方极乐世界，像这种种都是随缘度生的方法。克期取证念，就是我们之精进佛七，时时刻刻专心一意地念佛，务期七天之内一心不乱。克期取证法，有三天、七天、廿一天、四十九天、七十二天、一〇八天等，甚至有终身奉持精进念佛者。这些都是修持净土法门，求生西方正行的方法。

另有正行之外，须修六度万行以助之，此即助行。《弥陀经》云：“不可以少善根福德因缘得生彼国。”因此我们正行之外，更应广修六度万行，如种种慈善救济，弘法利生等，以培植福德因缘，增加往生之助缘，果能正助无缺，临终一心不乱，则往生西方极乐世界，必定无疑。但是，有人问：在此科学时代有何事实证明有人往生？像这种问题很幼稚。宗教方面的感应力，绝不是科学无法证明，就可否认的。像欧美近年来对灵魂学方面的研究，证明了轮回方面的一些事实，佛教因果律，是贯通过去、现在、未来三世的。因此，因果定律是不离缘生法则的。所以我们念佛求生西方极乐世界，亦脱离不了因果关系，如俗云："种瓜得瓜，种豆得豆。"有念佛因，故得见佛果。

11　不可思议的感应

宗教都是由于信仰修持而产生了不可思议的感应境界，不可思议的种类很多，略举五种如下：

一、定力不可思议。"定业不可转，三昧加持力，无始之障碍，一切皆消灭。"此犹如一灯，能破千年暗室。

二、神通力不可思议。神通为妙用、不测、通融无碍的意思，有（一）天眼通——彻见十方世界；（二）天耳通——遥闻十方音声；（三）他心通——知一切众生心思意念；（四）宿命通——了知过去、现在、未来；（五）神足通——通行无碍，变化自在；（六）漏尽通——诸漏已尽，不受后有。

三、意识力不可思议。如《弥陀经》之须达长者，建祇树给孤独园时，发心之初，天上已为他建好一所宫殿，以备其于命终之后，升天享乐。舍利弗乃以神通力，将天眼借给须达长者，使他见到宫殿，并告诉他说：“你发心建设精舍，尚未建好，天上的宫殿就替你建好了，来生定能升天享乐。”

四、善法力不可思议。心具虔诚、念佛、拜佛均能得不可思议的感应，如谢冰莹教授，礼拜舍利，虔诚所感，舍利又生出了舍利。也有人拜佛感得多年绝症竟不药而愈。

五、愿力不可思议。阿弥陀佛发四十八愿，得能成就极乐世界，大发宏愿，接引十方念佛众生往生彼国。其愿力是绝不容置疑的。像此次凤山来参加佛七的张沈贞居士，她凡是坐车子必定晕车，此次她在坐车前念了一万声地藏菩萨圣号，结果虽经长远路途，又是弯弯曲曲的山路，竟也不曾晕车，平平安安地到达。此是地藏菩萨不可思议愿力加持之故。

台北有一位李济华老居士，年八十岁，平时在台北莲友念佛团念佛，并随缘说法，临往生前，尚从容讲解阿弥陀佛经要义，按预定，本来是排在第二讲，但他等不及了，要求调换先讲。从容讲解，历二时完毕后，即告诉大家说：努力念佛，我要先走一步了。而从容坐化，往生西方。像这种临终瑞相，多得不胜枚举。只要肯真心诚恳地念佛，必能往生西方极乐世界的。如现在在此打七的张沈贞居士，她说她于昨天下午五点多，曾看见一老一少两个人朝这边拜佛，早上六点多并见对面显现观音菩萨的宝相。蔡桂英居士也说她于第二天，就曾见前面山上显现出宫殿，内有一尊高大威武天神。那时，她曾指给旁人看，但有人看到的是二尊天神站立两旁，似为护法。像这种瑞相，是在科学上无法化验取证的，但却不能加以否认的。希望大家深具信心，诚恳地念佛，必可获得不可思议的感应。

12　念佛之殊胜

晚上，上人再作开示，简略如下：此次佛七将于今晚大回向礼祖后，圆满结束。因须礼祖，故时间可能稍为延长，不过既已快圆满了，时间稍为延长，大家可能也不会见怪才是。大家在这七天中能精进念佛，各人的修持各人所得，这就是“各人吃饭各人饱，各人生死各人了”。有人可能信佛以来的修持还没有这七天功夫用得多。虽然来此参加花了一些时间、金钱，但是这七天的修持超过了平时几倍，甚至几十倍，而且也只有这七天才是一生中最重要的七天，才是属于自己的时间。否则大家均为着家庭儿女、事业财产而奔忙，古云：“时时刻刻营家计，朝朝暮暮白了头。”用心计较于世俗之虚名假利，古德诗云：“荣华总是三更梦，富贵还同九月霜，老病生死谁替得，酸甜苦辣自承当。山珍海味日食几何，大厦千栋夜眠几尺,到头来自己生死谁能替代？”真是“生前枉费心千万，死后空持手一双”。大家在这七天内确确实实为自己准备了些资粮。自己在这七天内所念的、所听的、所拜的种种修持的功德，相信大家自己心里明白。我希望大家都能满载而归，不辜负千里迢迢来此参加佛七的一番苦心，将来回去之后，如果回忆这七天的情形，必定会非常欢喜，充满着无限的法喜。

在这七天中，晚上的时间不太充分，因此每晚讲开示的时间很短，为了使大家能多了解些佛法，增加信心，因此早午过堂也都说些话，而且七天之内限制大家不准乱跑，不许乱讲话，使大家颇受委屈，但是我虽限制大家，而我也被大家所限制。凡夫懈怠心很重，自己一个人时常因放逸敷衍心理而放松，因此要想精进用功，也只有这种精进佛七，才能互相警惕，互相勉励。如我本人也很懈怠，所以坦白说，我在凤山莲社成立念佛堂，又在此建立念佛堂，举行精进佛七,一方面也是为了准备自己的生死资粮。像大家回去之后能休息，但我则不能休息，回去之后即刻须到佛光山担任传戒教授和尚，而且下个月还须再来，且今后天气再热，也必更苦，但我一方面为自己的生死，一方面为领导大家修持，就是再怎样的苦也必须以坚定的忍耐心去克服。能吃苦能耐劳才能有所成就。我们修持净土，持名念佛法门，不管是持名四字或六字都具有九种殊胜：

一、字少容易念。

二、随地可念。行住坐卧都可念，如果念经则大多须在佛前念。

三、随时可念。不管早晚闲忙皆可念。

四、随人可念。不分贫贱、智愚、老少、缁素都可以念。

五、增长福德。阿弥陀佛之意即无量光、无量寿，因此念阿弥陀佛即可消灾免难，增长福德。切记不要只念无量寿佛，应念阿弥陀佛才能具足光寿之意。

六、消灭重罪。《大宝积经》云：“念一句阿弥陀佛，能灭八十亿劫生死重罪。”

七、天神恭敬。如大家念佛得见光明或天神菩萨等等，都是念佛得天神恭敬。昨晚慧一、清彦、清雯三位年轻人，礼拜通宵，虔诚所得的感应，见到了光明。这亦为佛菩萨或护法天神之所感应。

八、恶鬼远离。我们念佛时有善神拥护，恶鬼自然远离，不敢接近。例如全省各地，很多地方常发生车祸，若有人树立了写着“阿弥陀佛”之石牌，或木牌，该地车祸就较为减少，甚至全无。

一九五一年，台南有一因案入狱的犯人，出狱后对我说：他在狱中，有好几次家人送饭去给他时，就有一双黑手出现盖住了饭菜，不让他吃饭。于是把这情形告诉他的家人，他家里的人请教了法师；法师乃教其家人用一纸条写上“阿弥陀佛”四字，盖在饭碗上面。他家人依照法师所教的方法去做，果然那双黑手才不再出现。因此，他才有得饭吃。由此可见我们念佛，恶鬼一定远避的。

九、临命终时必蒙佛授记。《四十二章经》云：“人命无常，呼吸间耳。”如果不趁现在身体好，好好地念佛，等到一息不来时，可能已是来生了。因此，只要虔诚念佛，一心不乱，临命终时，必定蒙佛接引往生极乐世界。大家不要以为身体好，年纪轻，无常一到，可都无法避免的。俗云：“莫待老来方学道，孤坟多是少年人。”

这几天，我心里觉得很不舒服，因为凤山普陀精舍心海师，有一位在家女徒弟，法名养如，只有廿二岁，人很聪明，法器唱念，样样都精。我常劝她如要出家须早，但如要结婚则不可太早，否则受苦亦早；因为如果生了孩子之后，要想修持，就很不容易了。几年以来，从不见过她生病，她在工作之余，有空就到普陀精舍念佛、拜佛。但是，从去年年底订婚之后，就没见过她。

后来才知道她订婚之后，只顾常与未婚夫在一起，所以才很少来精舍了。

此次二月十二日，精舍做法会，以为能见到她，不料却听到她师父说：她已经死了。死得非常快，得病三天就死了。听到了这消息，实在出乎意料之外。还有要来此打七的前两天，有一位信徒在洗澡后，吃饭时，即觉不舒服，饭碗也拿不住，他的儿女们以为不要紧，先扶他进去休息，等吃饭后，再去看他时，他已经死了。像这种人命无常的事，实在非常多。我本人罹患了高血压、心脏病、糖尿病等重症，也许有一天并发之后，一口气不来，也就是来生了。因此我总是尽量抽空休息。同时也希望趁现在能讲能念，多领导大家念佛、拜佛，讲一些佛法给大家听。我如果以后离开了这世界，有谁愿代替我领导大家念佛呢?

现在全省各地方的道场很少有人发心打精进佛七，所以大家能够遇到此道场，而参加精进佛七，应自庆幸，希望大家深具信心，至诚恳切地念佛，求生西方极乐世界，必定能蒙佛接引往生的，只要我们虔诚恳切，必定功不唐捐。这次我由凤山出发要到这里来的时候，台北有一位姓丁的居士，专程来凤山找我，最初我以为有什么事，原来专程来向我致谢，并再请教我一些问题。原来他是退伍军官，甚少生病，但有一天，忽然之间患了中风，导致半身不遂，看了很多中西医，吃了很多中西药及一些江湖术士的草药，都没有效果。后来朋友劝他信天主教，祈祷天主赐福等等，也没有效果。直到有一天看到了我所著的一本《病患指南》，起先半信半疑，但后来竟感到每当念大悲观世音圣号时，心里就觉得非常安详快乐。因此他的信心愈发坚定，结果现在已经能起床行动，虽然手脚还不大灵活方便，但却很明显的已经渐渐痊愈了。他为求详细的方法及今后应如何继续修持，乃专程南下，一方面致谢，一方面请求指示。这是千真万确的事实，我指示他一定要深具信心，要有忍耐力，至诚恳切地念，必能获得进一步的感应的。

这次佛七于今晚大回向礼祖后就将圆满结束了。七天之中，限制大家的举动及语言，也将于礼祖后就开放了。上次开放之后，大家似乎要将忍了七天没说的话一口气说完似的，三五个人东一堆西一堆的一直谈到了十二点多还不睡觉。我在房间喊他们休息睡觉，结果还是谈到了一点多，可知众生的习气是不易改的。时间也不早了，大家虔诚好好地念佛吧！同时回家之后也应该继续地念佛。

13　善习结果，恶习结业

晚间上人开示云：今天是佛七的第二天，大家初次参加精进佛七，对于每日九支香的念佛，似乎渐渐觉得习惯，甚或能得感应，见到瑞相，获身心轻安！当然欲得好境界，也须看大家用功的程度和善根福报的深浅而定。如第二届佛七,百分之八十以上的同修，均见到瑞相，获得感应。可是也有些人一无所见。这都是由于个人的善根和精进程度不同，而境界各异。但我相信只要大家肯勇猛精进，至诚恳切地不停念佛，多多少少总有感应。所谓“一句阿弥陀佛，能消八十亿劫生死重罪”。况七日七夜不停地念佛呢？佛言：“一发大心远胜多劫布施功德。”但业障深重的人，虽教他念，甚至以利动他亦是不肯的。据古德言：宋朝奸相秦桧生前造业太多，死后堕落地狱受苦，地藏菩萨在地狱度众时，欲救拔他，教他念佛，但秦桧却因罪性太重，为恶业所障而不肯念，致难脱其苦。

道源法师也曾说过：有一次他在北京时，见到很多叫花子，就教他们凡念一声阿弥陀佛，即可得一钱；那些乞丐有的很高兴很虔诚地念，有的看在钱的份上也勉强地念，可是却有些人无论如何也不肯念。由此可知善根薄、业障重的人明明知道有好处，也是顽强不肯发心念佛的，为善为恶都是习惯使然，有的人虽知道“念佛一声，罪灭河沙，礼佛一拜，福增无量”，但因没习惯而不能如法奉行，而对于贪嗔痴等却养成习惯，日日追逐而不知其恶。

像舍利弗过去世也曾因悭贪成习，而堕落为毒蛇。据经载：舍利弗过去有一世生为富翁，但生性悭贪丝毫都不肯施舍，暗中积存了七坛金子，至临终依然念念不舍，不让家人知道，结果命终后变成毒蛇，守着那七个坛子，如是经过了不知多少劫的时间，才渐渐看破而生了厌烦心。

有一次，适有一人经过那埋七坛金子的地方，毒蛇即出声喊住他，并告诉他说："我以前因悭贪不肯布施，死后为了长守七坛金子，世世为毒蛇，现在我守得很厌烦，而且也看破了，看你很老实，想请你帮忙我做一件功德。"那人一见是毒蛇，起初很害怕，后来听了这样的话，又知道无法逃跑，即答应帮忙，并问如何帮忙。毒蛇要他找绳子及扁担来挑坛内的金子，到寺院三宝前布施做功德。那人立刻找来应用的东西，放好金子，挑起来往寺庙的路走。沿途那人遇到熟人和他打招呼，他却都不予理会，好几次均如此。毒蛇在后面见了，又生起嗔恨心，仰起头想要咬他，但一想现在正须要此人帮忙做功德，怎可因他不理人而要咬死他再造业呢？当走到郊外时，毒蛇忍耐不住，就责备他说：你怎可那么骄傲，不理人的招呼呢？我见了很生气，差点把你咬死！那人听后吓得马上向毒蛇道歉，并保证以后再不会了。不久他们到了一间佛寺，见了方丈和尚，请示一些佛法，并把金子全部拿出翻修寺宇，打斋供众，广做一切功德。以此功德得能消除宿业，脱离蛇身转世为人。经多世之修行，于释迦佛世，得能闻道证果。但虽证果，以过去世曾为毒蛇，嗔恨之习依然很重。由以上几则故事，可知善习结果，恶习结业，祸福全在自己一念！

14 粥有十利，饶益行人

早上过堂时，上人因食粥而开示云："我们早晨何以吃粥呢？因粥有一、除饥，二、消宿食，三、利大便，四、除风，五、增颜色，六、增气力，七、增命，八、声音清脆，九、降渴，十、舒畅快乐等十种利益。"而修行人吃粥有益于办道，故供养偈云："粥有十利，饶益行人，果报无边，究竟常乐。"陆放翁也因食粥的益处，作了一首诗云："世人个个学长年，不悟长年在眼前，我得宛丘平易法，只将食粥致神仙。"平时我们只知念供养偈，很少有人知道它的意义，今利用此机会向大家解说，以增广见闻。

中午过堂，上人因见大家依然故习未改，散漫懈怠不知把握机缘，特再表堂鼓励大家精进云：今天已是佛七的第三天，但却没有精进佛七的气氛，第一届来此参加的同修，颇能体会良机不可失，故精进气氛，使人一见皆能肃然起敬。第二届前三天较为松懈，但从第四天起严格执行规约，也能步入轨道，精进气氛也极浓厚，所以他们获得的感应，所见的瑞相也特别多。可是反观我们这一届，至今大家还是散漫成习，甚至有人佛声一歇，依然不遵守规约，彼此谈笑，妨己妨人之道业。这是很不好的现象，希望大家能自尊自重，好好把握时机，不要再让大好的光阴空过，在以后的日子里，能放下万缘，一心念佛，才不辜负千里迢迢来此参加精进佛七的一番苦心。

15　末法时念佛方能得度

晚间上人对众开示云：佛法分正法、像法、末法三个时期，修持亦有信解行证四个阶段。正法时期，因佛在世，闻法修持证果较易。像法时期，离佛世不远，故依经修持而证果者亦不甚难。到了现在末法时期，已离佛世一二千余年，欲求真正发心修持者本就不易，证果者更是难见。像我们举行精进佛七，每月都在杂志刊物上发表，可是自动报名参加者却很少，每次都需靠人缘去三拉四请，始能凑足所定人数。而且有的虽信佛、念佛，然却忙着做例行公事，敷衍而过，肯真正为了生死而发心念佛者极少。这也是末法时期的现象，更是念佛难以克证一心的原因。这里每次佛七必先授八关斋戒的意义及功德，因此在佛七期间，前两天都讲些有关受持八关斋戒的事情，以提起大家受持的欢喜心。以后几天才讲有关净土法门的修持方法，及感应实证事例，加强大家念佛的信心，在佛七中得能勇猛精进。

关于念佛，我们可以把它归纳为三种念法：第一种是真实为了生死，专精一意，不论行住坐卧时时刻刻都在念佛，做到了白居易诗上所说“行也阿弥陀，坐也阿弥陀，纵饶忙似箭，不废阿弥陀”的地步。像此等人的念佛，不求一心，久久自得一心，命终后，定蒙阿弥陀佛金台接引，往生极乐。

第二种是虽知念佛的好处，但信心不专一，时常为俗事而荒废念佛，而且念佛时，虽然口在念，但心里总是挂念家庭事业，明知人生无常，良缘难遇，可是看不破放不下，念佛也是一曝十寒。像这种念法，只能种种善根，欲得一心不乱，了生脱死，犹有一段大距离！

第三种是口念而心不念，不知念佛的好处，只因羡慕修行人图个修行之名，逐群结队，希图热闹，虽常参加打佛七，可是心内时存贪嗔痴念头，稍不如意，即兴贪嗔痴等业，虽无心搅众而以业障深重，不但自己不能全心念佛，也妨碍了别人的精进。像这种人虽也能多少种点善根，但扰众的恶报必先现前。以上三种念佛法，不知各位属于哪一种？大家来此打精进佛七，都是前世修来的福缘，但愿大家莫空过，依第一种人的念法，好好用功，在这七天中，克期求证一心不乱的境界。

16　欲成道业，先脱俗情

现在我再讲两个禅宗祖师专心办道的公案，以证明至心修持必克其果，恳切念佛当证一心的道理。禅宗第五祖弘忍大师，是湖北蕲州黄梅县人，他的身世相当奇异。传说破头山有一栽松道者，修行有年，于八十岁时向四祖求法，但四祖嫌他年老，不堪荷担如来家业，因此对他说："倘若你来世，我可等你。"栽松道者闻言，即礼别四祖，走到一条河边，见一少女在洗衣服，就向前作礼，请求到她府上借宿。少女不敢做主，道者随即回山，当日就坐化了。

从那天开始，少女因偶食一梅实，竟无故而怀孕，其父母以为女儿做出了不可告人的丑事，败坏门风，气得将她逐出家门。而此少女遭此无辜，百口莫辩。十月怀胎满后，生下一男孩，该少女以为无缘无故怀孕生子，自怨不知前生作了什么罪孽，致今生遭此不幸，一切的耻辱，都是这小孩带来，当时很气愤地说了四句话："今日无情似有形，冤家到此不分明，遍身有口难分辩，急水滩头洗不清。”说完即狠起心肠，把小儿抛下急流中，不料小儿不但没有被急流冲死，反而逆流而上又回旋到她站立处。她见了既惊且喜，忙把他从河中抱起来，再也不忍心弄死这来历不明，出于自己所生的婴儿，并以乞讨为生养育该儿。

经三年，有一天母子无意中乞食来到四祖的道场，见佛寺内清净凉爽，于是就在寺内休息，当其母正歇下纳凉时，小孩却在大殿上方便，并登上大和尚的宝座，如老僧人入定似的，庄严而又安详地打坐起来。此情形被知客师看见，很不高兴，乃大声斥责，喝令其母带走小孩，但小孩却无论如何都不肯下来，彼此在那儿僵持不下。四祖道信大师闻声即出来查问何事，小孩一见到四祖即开口说：“我是要来出家跟师父学佛法的。”四祖听后很和蔼地笑着说：“可以倒是可以，可惜年纪太小。”小孩听四祖嫌他小，乃大声抗议道：“我老来，您嫌我老，而今我小来，又嫌我小。”经小孩这么一说，四祖随忆起数年前，栽松道者之事，知此孩即栽松道者转世，喜其转胎而不昧，便允其出家。其母亦少一拖累，可以自由四处谋生。此孩随四祖学佛法，长大后得传衣钵，即为五祖弘忍大师。

当五祖接任方丈时，其母亦已年老，乃来找他相依终年。照理五祖应晨昏定省，孝心奉养才是，但五祖并不念其母为他不明不白的身世，受尽一切的耻辱，痛苦了一生，竟规定其母在寺内必做多少工作，念多少佛号，否则就不收留她。其母依约在寺内做苦工念佛，而五祖也只把她当作一般住众，并没有特别地看待。如此经过几年后，其母将临命终时，预知时至，说了一首偈云:“喊一声应一声，声声唤醒本来人，大地山河无寸土，万里青天无片云。”即气绝往生，而五祖听其母已舍寿，并没有一点哀叙，也不为她做身后的哀荣，只简单用草席裹身，拖过十八重门，即把她火化。

五祖弘忍大师这种违反伦常的行为，引起全寺住众的不满和气愤。以为此非善知识，纷纷卷衣单，要离开这不孝的五祖弘忍大师，就在大家愤愤不平纷纷要离去时，五祖生母忽以庄严相，现身空中为大众说了一首偈云:“诸师不必退道心，吾儿为我了前因，三世罪业从此了，菩提依旧现全身。”大众闻见此情形，才恍然了解到五祖为度其母的一番苦心和他所作所行的含意。也领会到得道者一言一行，实在不是以俗情可以衡量的。对五祖能行大孝永脱其母于生死轮回，更加钦仰，不再有二心并丝毫的怀疑了。

17　懈怠堕落，精进克果

另外天眼第一的阿那律尊者，有一次在听佛说法时打瞌睡，被佛陀呵斥说：“咄咄汝好睡，螺蛳蚌蛤类，一睡一千年，不闻佛名字。”阿那律受佛陀斥责后，对他自己的懈怠大发惭愧心，乃向佛陀忏悔并发誓尽形寿不再睡眠，自后即不眠不休地精进用功办道。但因其过于用功以致双眼失明，佛陀见其失明，教他修金刚照明三昧，阿那律受教后，如法奉行，因其能专心一意，故不久即证三昧而得天眼通，成为佛弟子中，天眼第一的阿罗汉。在阿那律获脱生死问题后曾说了一首偈：“如观掌果三千界，好乐睡眠比畜生，不是一番精进力，可怜永失此元精。”可见娑婆世界的众生，就是在佛世，依然须经过逼迫警策方证道果。希望诸位以古人为戒，时时警惕自己，勇猛精进念佛，以期克证一心不乱的境界。

18　人命无常须自警，生死未了应早办

晚上，上人又开示说：“人命无常呼吸间，眼观红日落西山，宝山用尽空回首，一失人身万劫难。”这首偈道出了人生无论如何的美满，总难敌人命的无常。一般人

小事聪明，大事却很糊涂。凡事你争我斗，与人斤斤计较，对于自己的生死大事，却一点也不关心。可是他平生和人争斗来的名誉、钱财、美色，至命终除了所造的善恶业外，又能带去什么呢？所谓“万般带不去，唯有业随身”。古人也有一首诗：“我见世人日日忙，广营田地置田庄；到头一物拿不去，独有骷髅葬道傍。”又说：“举世尽从忙里老，谁人肯向死前修？”寒山大师也有诗说：“可叹浮生人，悠悠何日了？朝朝无闲时，年年不觉老。总为求衣食，令心生烦恼；扰扰千百年，去来三恶道。”这些诗正说明了众生迷茫的情形，不知大家听后有什么感触呢？

19 催命五信使

现在我再讲几个有意义的故事，来说明人命无常，命终后万般带不去，唯有业随身的道理。古有一人，犹正忙事业及家庭儿女事，突然间竟一命呜呼。其魂带到阴间，一见阎王即责其未发信而突令他死，致使不能预作安排，显得有点手忙脚乱，实在很不甘心！阎王被问反笑着说：“我已五次派人传达消息给你，而你自己却迷惑于五欲，不知警觉，怎可再怨天尤人呢？你记得吗？你本来非常明亮的眼睛，有一段时期不是开始昏花吗？

这就是我派人给你的第一封警觉信，而你却不理会。以前你爬山本很有劲，但有一次是否忽然感觉稍为爬动即汗流浃背，气喘如牛，浑身无力呢？这是我通知你的第二封信。你的牙齿一向很坚硬、齐整，可是为什么你忽然感觉一颗一颗的蛀蚀脱落，稍硬一点就咬不动呢？这便是我第三次通知你的信号。还有你的耳朵不是很敏感吗？可是你就没注意为什么渐渐迟钝，甚至有时大声叫也听不到呢？这就是我第四次通知你的警惕信。最后更加明显地使你乌黑的头发一根一根变白，并稀稀落落脱落了很多。像这样一次又一次地派人送信警告你，可是你一点也没醒悟，只知为儿女事业忙，如今又不知反省，竟怪起我来，未免太没道理！”

凡夫就是如此愚痴，人间的生、老、病、死，本是苦空无常，但却少有人能醒悟，仍一味怀着贪嗔痴爱，为子孙作牛马，对于自己的生死大事，似是与己毫不关联，以致连阎王五信使都没注意，白白地空过了一生，随业而浮沉。世间有两种人，一是虽见亲戚朋友老衰病死，依然无所感触，不觉害怕，仍恋慕于财产，被阎王勾去，还想要以钱财买通阎王放其回阳，然却仅仅四两白米也不能带走。乃有“百亩良田容易买，四两白米带不来”之叹！然已是太晚了。二是“眼见他人死，我心热如火，不是热他人，只怕轮到我”。对于他人的死，能领会到总有一天会轮到自己，而觉得害怕。此等人如能再择法修持精进办道，临终必不会手忙脚乱；如只害怕而不知用心办道，则比第一种人好不了多少。

我们一般人大都如此，尤其出家人天天做佛事念经为人送葬，但却很少用心为自己后事而着想，心里虽难过人命无常，然从不肯好好用功办道，一旦无常到来，不知他们用什么去抵挡呢？思之实令人感叹！有一首诗说：“隔壁今宵送往生，坐听念佛一声声，送他送我又何别，不过他先我而行。”我们若能如此领悟，更勇猛精进念佛，则生死又何惧呢？大家听了我所讲的话，现在或许觉得很有道理，但佛七过后必又给忘了；可能都是以一句我很忙，没时间修持作推辞。可叹人生尽从忙里老，又有几人肯向死前修呢？希望大家时时提高警觉，常将死字挂心头，一切的妄想，自能祛除，并多利用机会，至诚恳切地念佛，以求将来能往生极乐世界，了脱生死。

20　拜佛莫越礼

中午过堂，上人因见大家对斋堂里的规矩，还不甚了解，特表堂云：“大众欲进斋堂时，纠察师必先到斋堂监视，由维那领导依序进入。入时由左边进者须左脚先进，右边入者右脚先进，等大众全进斋堂后，大和尚方进。出食时侍者须到大和尚处取食，如大和尚不过堂，则到首座或维那师处取食。还有关于大殿里拜的蒲团，放在中间者，是专为住持和尚而设，后面则是当家师，一般人只应在两边拜。如果在中间之住持当家师两处拜，即为越礼。但如诸山长老来访，也可在中间拜，然若本寺住持是长辈，则诸山长老也不敢在中间拜。此是一种尊师重道的规矩，身为三宝弟子不可不知，以免无意间犯了失礼的举动。”

21　父受子鞭，子不知

宋朝五祖戒阇黎是文殊菩萨的化身，有一次他见一人骑骡，而骡不知何故，无论被骑者如何鞭打，亦不肯走，此时五祖戒阇黎适经该处，见此情形，不禁长叹说：“子骑父背，父受子鞭。”骡闻言忽跳起把人摔下，跪在其前求救。菩萨即以甘露法水洒骡说：“陈茂荣，陈茂荣，家富害人刻众成，佛法僧宝全不信，报此情形几时停？”骡受甘露水，闻呵后忽能人言：“我为人时，因刻众敛财，为富不仁，复背儿子用百贯钱买幼妓淫乐，死后两次作牛，偿还乡民钱债，七易主人，始脱牛胎，现变骡以偿我子，被子骑甚至被打，心虽愤懑而难言，今蒙大士赐予甘露，口才能言。”

其子闻之，方知骡为其父转生，乃抱骡痛哭，并跪求菩萨慈悲解救其父。菩萨即为骡说法，骡闻法哀痛莫名，自碰墙而死。骡死，菩萨复教其子拿钱布施做功德，以超度之。其子依教奉行，后其父来托梦云：“蒙菩萨慈悲救拔，现已脱骡身。”其子梦醒，复广作一切慈善救济，供养三宝诸功德，回向给其父。当第二次其父再托梦时云：“蒙子乐善好施，供养三宝之功德力，已获超生天界。”我们凡夫只是能知今生为人父母子女，可是父母死后，即使相会亦是不知。像陈茂荣变骡，要不是遇到五祖戒阇黎，又怎能知其有如此因果，一旦堕落又焉能望子女救度呢？悭贪堕落，唯有布施做功德才能获救，这就是一例。

但若悭贪成习，要想打破也是很难。像光复后，第一次开佛教大会时，护法的人很多，其中有一位东北籍的居士，曾代表东北佛教参加，出钱出力，毫不吝惜。可是当我和他在普陀山见面时，可能是社会环境的关系，变得很是悭吝。有一次我想自己打精进佛七，乃告诉他：“明天起我要开始精进佛七，你如要我为你破悭贪，现在我正缺钱买油，希望随你发心，给我些钱买油供佛，我可把功德回向给你。”他当时没敢说不好，只得把上衣卷起，在其腰部取下布腰带，那里面装有大小金块，及龙银等很多，他考虑了很久才拿了一块银元给我。我即将此买油供佛，把所做功德回向给他，后来他可能想开了，竟来向我顶礼拜谢我打破他的悭吝。要知悭贪一成了习，想打破是很困难的，但如不破就难免堕落，所以希望大家不要把钱财看得很重，提起勇气贡献出你们的力量，为佛教、为你们的未来，做一番有利众生的事业。尤其对于念佛，更应勇猛精进，以期将来蒙佛垂手接引往生极乐。

古人有几首诗说：“藕池无时不花开，四色光明映宝台，金臂遥伸垂念切，众生何事不归来？”又云：“处处幢幢风入定，层层楼阁宝含光，人心到此全无垢，尽是如来解脱香。”“八功德水映金沙，七宝池中九品花，禽鸟劝人勤念佛，六时天乐不喧哗。”楚石大师亦有诗说：“近人远从四方来，池心一朵玉莲开，正当萼上标名字，已向身前结圣胎。极乐逍遥长不死，阎浮逼迫最堪哀，法王特地垂慈愍，同坐万金百尺台。”由这些诗我们可知阿弥陀佛的慈悲愿力，及极乐的庄严，只要我们依法念佛，必能蒙佛接引往生彼国。

22　是苦是乐随人而异

中午过堂，上人表堂云：这是此届佛七最后一次过堂，此后除非大家发心再来，不然要想再如此地过堂吃饭，机会就很少了。过去丛林过堂是很苦的，我生不逢辰，出家后的生活，大都是吃苦的多。大家别以为这种过堂饭菜不好，其实在大陆过堂所用的饭菜是非常难下咽的，我以前在普陀佛顶山时，见风景雅丽，甚宜自修，而且山上亦成就人阅藏，于是讨阅藏单住进去，那时有四个同道，但不到一月都因过堂所用饭菜难以忍受，一个一个离去；我是第三个走的，走的原因是前寺讲《法华经》，为听经而离开；听完经，复为常住留住请任知客，遂不再上佛顶山。任执事时饭食亦较好，但也只一样没放油的菜，饭是糙米糁地瓜，不过可以自己客堂加菜，可是佛顶山过堂，早晚稀粥，菜有豆渣时算是最好，且只有逢年过节才能享到，平时饭菜之差，就难以形容了。

有人羡慕出家人的清闲，但却少有人能知他们所受的苦，可是此地斋堂的饭菜，要是被丛林住的和尚见到，会以为是在过年呢！常住对大家真是无微不至，不但饭菜好，而且休息时间又有水果，大家来此何尝受到苦呢？这七日七夜能让大家无忧无愁地全心念佛，真不知是几世修来的福报呢！回想我和星云法师、广慈法师在栖霞山求学，那段凄凉、苦的日子，和你们比起来犹如天堂地狱。在当时所吃的豆渣，是一晒再晒，且混杂有鸟粪，吃起来，实在难以下口。那时我已二十多岁，尚不觉怎样，但星云、广慈二位法师是时年龄较小，到现在过堂时见了豆渣，忆起以前的日子，有时忍不住也会掉眼泪！大家既然有福报来此，更应善保良机，发庆幸心勇猛精进念佛，不然以后你们想起来，将会感到遗憾终生的。

晚上，上人为此届佛七作最后开示云：山上这种宁静安详的佛七生活，今晚礼祖后就圆满了，大家这几天或许觉得太辛苦，但与我比起来就轻松多了；你们可全心贯注在念佛上，此外什么事都不必操心，但我每支香都须领导大家，并准备讲开示，且关心如何才能使大家得益而回，每每为此而难以入眠，况我最近血压高，看到大家有不如法处，经纠正又不能改，内心是相当沉重的。佛法是用来根治我们的毛病，所以我说法时，都是引据佛法而说，并没有任何成见，希望大家有毛病就改，无则嘉勉，以免辜负此大好机缘！

念佛法门本是了脱生死最好的捷径，可是有些人，却只为求来生福报，或儿女健康、前途而念，却甚少有人能真为了生死而念者。要知家庭间眷属的聚合，都由我们宿世的恩怨而来，我们的来去，一切都是被我们所造业力牵引着，根本难以自主。如说今生为夫妻儿女，来世再求为夫妻儿女，这对于我们凡夫是无法办到的；但只有一法能做到，就是在生时劝导家人同念阿弥陀佛，同求往生极乐世界。能如此不但我们自己生死可了，也可使父母子女等眷属常相聚，永无轮回之苦。

念佛必须要念到业尽情空，扫除一切妄想，获证一心不乱，往生才有把握。古人云："打得念头死，许汝法身活。"因此在念佛时决不可一面念一面打妄想。我时常看到一些妇女，在念经敲打法器时，一面念，一面却在骂小孩，还有一些人，口虽在念佛，而心却奔驰于五欲六尘，眼睛东张西望攀缘于外面境色，像这样的念法，是一点用处也没有的。念佛最好早晚有定课，如妄想纷飞无法克制，最有效的祛除方法是十声束心法，即口念耳听心记，一口气紧念十声佛号，如气短可分三口气念，先记口念四声，再记左耳听三声，右耳听三声。如能如此反复地念听记，不除妄想，妄想自然无由生起。

我们平时用功念佛，为的是临命终时能正念分明，不起颠倒、贪恋，所以临终时的助念和善知识的开导也是很重要的，而且更应告诫儿女勿哭泣以乱神志，断气经八小时后方可移动身体。因我们的神识，靠暖气附托于色身，据唯识学说：神识是"去后来先作主翁"，生时先来，死时后去。如果太早移动色身，当神识没有完全脱离身体时，依然会觉痛苦生嗔恨而乱其正念。一失正念，难免有堕落三恶道的危险，此点我们必须切记遵守。以免临终不慎堕落恶道，以致前功尽弃就太冤枉了，故为了我们的将来能获往生极乐，对于念佛法门的种种道理，应多求了解。尤其对于像这样的精进佛七，能常参加，当必更有助于大家的。中峰国师有首偈说："念佛临终见宝台，宝幡宝盖满空排，弥陀势至观音等，合掌相随归去来。"我们今发心念佛，现前当来必定见佛，临终蒙佛接引，往生极乐了脱生死，必无可怀疑的。

23 法贵了义

一支香后，继之过堂食粥，因大家对于过堂仪礼，尚未纯熟，故食次犹未能如法。上人就不如法处加以纠正，并表堂向大家讲解早晨的回向偈"四生九有同归净土法门，八难三途共入弥陀愿海"的意义。

四生即胎生——如人在母胎成体而后出生，卵生——如鸟在蛋壳成体而后出生，湿生——如虫依湿而受形，化生——无所依托，唯依业力而忽起，如天、地狱及劫初之众生。

九有即指欲界五趣杂居地（包括欲界天、人、地狱、饿鬼、畜生），色界离生喜乐地、定生喜乐地、离喜妙乐地、舍念清净地，无色界空无边处地、识无边处地、无所有处地、非想非非想处地等三界九地之众生而言。

八难为（一）地狱；（二）饿鬼；（三）畜生等三恶道，以业力重故不能闻佛法；（四）北郁单越，其洲之人虽有福报，但贪于享乐，故佛法不行其洲；（五）长寿天，即无色界之非想非非想天，虽寿命有八万四千大劫之长，但常处冥定中，难闻佛法；（六）盲聋喑哑，以眼耳口有缺陷，故虽值佛法之世，亦难信闻修学；（七）世智辩聪，以世间先入之见，自以为有智，逞其聪明慢，处处为难佛法，自失大利，不能修学出世了脱生死轮回之法；（八）佛前佛后，不能见佛闻法，致碍证果。因上列八种有情，欲入道修学佛法皆有困难，故称八难。

三途即三恶道。综观这首偈的意思，是说我们既然知道念佛可了生死，很希望四生九有的众生，也能共同投入阿弥陀佛的慈悲愿海，得脱生死轮回。此偈虽佛门每做完早课皆须一念，可是能领会其含意的不多。佛七期间为了使大家能获得法益，所以利用此时间，为大家解说，以坚定大家念佛打七的难遭想。

24　往生资粮，信为先

时值末法，欲了生死，除了念佛求生极乐，别无捷径。但要往生极乐，必需具备信、愿、行三种资粮，而一切法中皆以信为基础。故经云："信为道源功德母，长养一切诸善根。"又谓："佛法如大海，唯信能入。"彻悟大师对信亦有如下的开示：

（一）信有生必有死——古今中外，世上无有不死之人，我们的身体是地水火风四大之假合，生时如风刀剥皮，死时四大分散如乌龟之脱壳，痛苦难言。为了生死必须精进念佛，尽此一报身，往生极乐国。

（二）信人命无常——人命无常只在呼吸间，一息不来即成后世。况无常大鬼不期而到，绝难知道何时会死。但如想预知时至，在此末法唯有精进念佛。

（三）信轮回路险——一念之差，便堕恶道，欲得人身，如爪上土。我们的生死大权，是操纵在我们平时所造的业力上，所以我们为免轮回之险，应多忏悔，勤做善事，发心精进念佛，求生极乐净土。

（四）信苦趣时长——佛世时舍利弗尊者为兴建祇树给孤独园，在破土时看见一蚂蚁窝，即以天眼观察，结果发现这些蚂蚁，堕落为蚁身，已历八万劫之久，而解脱尚遥遥无期。可见众生一堕三途，受苦时间之长令人心寒，不免使人有“三途一报百千劫，再出头来是几时”之感，如人人能如此地信，必会有所警惕，一定不会去造罪，而精勤念佛以求了脱生死之道了。

（五）信佛语不虚——《药师经》云：“此日月轮可令堕落，妙高山王可使倾动，诸佛所言无有异也。”《金刚经》云：“佛是真语者，实语者，如语者，不诳语者，不异语者。”所以佛绝不会欺骗我们。念佛法门既然是佛所说，《弥陀经》云：“闻说阿弥陀佛执持名号……若一日若二日若三日……若七日一心不乱，其人临命终时，阿弥陀佛与诸圣众现在其前，是人终时，心不颠倒，即得往生阿弥陀佛极乐国土。”是绝对可信，只要依教奉行，必能蒙佛接引往生的。

（六）信实有净土——我们应信有此极苦的娑婆世界，当然有极乐的极乐世界。

（七）信愿生即生——阿弥陀佛四十八愿有一愿云：“若有众生念我名号，欲生我国，若不生者，不取正觉。”今阿弥陀佛已成正觉，所以我们应信只要我们念佛愿生其国，必能获得往生。

（八）信生即不退——环境最能支配人的进退，在我们这娑婆世界逆顺之间，影响我们道业很大，故在此世界修行都是进进退退的。但极乐世界唯诸善缘无有诸恶，鸟语花香，风吹树动，皆是佛法，没有环境顺逆的变迁，所以一生彼国，唯有精进，绝无退心者。

（九）信一生成佛——娑婆世界为寿命所限，故不能一生成佛，但极乐世界寿命无量，一生彼国无忧无恼，直至成佛，一生成办。

（十）信法本唯心——能念之心，所念之佛，皆我一心中理具事造。极乐世界我等应信有往生之分。虽说我们得能往生，是由阿弥陀佛慈悲愿力的摄受，但我们要信此是唯心自现，与佛感应道交，究竟非从外得。彻悟大师在这十条中已把“信”很透彻地阐述，我们要求了生死，对于念佛往生这一门，就须作如此的深信，三资粮的信字才算具足。

25 以愿力导归极乐

上人勉励大家痛改习气后，对念佛法门复开示云：昨天讲往生三资粮的“信”，现在再来讲“愿”。中峰国师说：“念佛之人，若不发愿往生，纵有功行，亦是虚弃，以不顺佛故。”《华严经》云：“是人临命终时，一切诸根悉皆散坏，一切亲属悉皆舍离，一切威势悉皆退失。乃至象马车乘、珍宝伏藏……如是一切无复相随，唯此愿王不相舍离，于一切时引导其前，一刹那中，即得往生极乐世界。”我们由经典和祖师的话，可领悟愿力是成就一切事业的前导。既然我们能信受佛语知有极乐，即须发如是愿：

（一）欣厌之愿——对此娑婆生厌离心愿舍，对极乐生欣往想愿往。我们有此愿，则念佛工夫越加紧，此欣厌之心就越炽，将来往生必定可望，倘若对身家眷属，名利恩爱，有点放不下，则欣厌之厌不真，往生必有阻碍，甚至不能往生。

（二）愿依阿弥陀佛之愿奉行——阿弥陀佛愿愿皆为

度我等众生，其中一条云：“若有众生称我名，欲生我国而不生者，不取正觉。”故我们应发愿称念阿弥陀佛愿生彼国，如此佛必垂慈，将来决定接引往生。

（三）愿以念佛力加被，消除一切业障，增长一切善根。纵未能断惑，亦祈能乘此愿力带业往生。

（四）愿临命终时预知时至，心不颠倒，意不贪恋，正念现前，蒙佛接引。如省庵大师临终偈云：

> 身在花中佛现前，佛光常照紫金莲，
> 心随诸佛往生去，无去无来事宛然。

我们念佛往生亦当如是。

（五）愿往生后修学大乘，不违安养回入娑婆，以所修学还度众生。我们能如此发愿，则念佛时必能至诚恳切，并念念以此愿力导归极乐。阿弥陀佛创造极乐世界以接引众生，我们要往生亦当以愿力方能得生；如但能起信而不发愿往生，就是勤于念佛，亦只能得人天果报，决不能往生。所以能往生与否，这愿力是很重要的一个条件。

26　顿悟渐修，无行不立

晚间上人开示云：人生七十古来稀，大家自问生死有否把握呢？古德云："一寸时光，一寸命光。"我们如果不善为利用，以致沦落三恶道，那就太危险亦太可怜了。这届的精进佛七三分光阴已过二，只剩下两天的时间可用功，希望大家能珍惜这有限的光阴，精进念佛。古德云："往生与否全凭信愿之有无，品位之高低，须视念佛之深浅。"可见欲往生必须具备信愿行这三个条件。前两天我们已听过了信愿的重要，现在再来谈"行"这一问题。古圣贤云："无行不立。"假如我们有了信愿而不实行，犹如说食不能得饱一样。如果我们具备了信愿，更力行不休，即不致有盲修瞎练，而且终有一天必能达到目的。

讲到"行"，我们念佛时，（一）要虔诚，（二）要痛改，（三）要恒久，（四）要专一。最重要的是"专"与"勤"，因能专一念佛即不会再起其他的念头，而一勤天下无难事，因能勤对于念佛才不致一曝十寒，复能全力以赴，不达目的不罢休。善导大师一生中，身专礼佛，口专念佛，心常忆佛；身口意三业无一刻不在阿弥陀佛，故其成就很大，可说是专与勤最好的榜样。但今人嘴念阿弥陀佛而心却飞驰于五欲六尘，像那样的念佛，就是喊破喉咙亦是没用的。为什么古人念佛万修万人去，而今人念佛却极少有往生的？对于这点我们应该醒悟醒悟！

27　持名念佛之各种念法

念佛法门中，三根普被，利钝全收，当生可办的方法为持名念佛。每每有人问：到底念佛要怎样念呢？在这里我可以提供大家古人几点念佛的方法：（一）高声念——我们精进佛七最注重这种念法，因此种念法有十种功德。(1) 可排除昏沉。(2) 能惊怖天魔。这里我们举出一段高声念佛吓退阎王的故事来证明。在陈海量居士所著《可许则许》中记载着，有一名叫邵联萼者是杭州人，十九岁时因病到上海宝隆医院治疗，医师说已无法治好，勉强让其住院，在其入院第七日，忽见牛头马面之鬼卒手提链子似要捉他的样子，此时他神智还很清醒，而且室内灯光很亮，看得很清楚，同时也觉得很害怕，心里想既然有鬼，必然有佛菩萨，而佛菩萨一定比鬼大，必能吓退他们，乃大声称念“南无阿弥陀佛”，他每一念，鬼卒即退一步，他认为念佛已发生了功效，于是更加虔诚地大声念佛。当鬼卒被念佛声惊退，不久复见身穿绿袍，头戴平天冠的阎王，亲自带鬼卒要来捉他。但因他的大声念佛，阎王也被挡驾没法靠近。他看了这种情形，知道是念佛的关系，乃更加大声地念佛，不敢稍为停顿。如此不停地念佛，不知念了多久，忽见一道金光如流星，降落在他面前，由小而大，顷刻照耀整个的大地，并在光中现出佛像，足踏彩云，手持念珠，合掌在胸前。此时他受佛光明照体，遍身清凉，痛苦全失，那些鬼卒也消失得无影无踪了。经照顾他的人讲，他才知道他已念了五天的佛，念得遍身大汗，在不知不觉中，病也霍然而愈。（3）声遍十方能广度众生。（4）三途众生闻佛声于热恼中能化清凉，顿息诸苦。（5）外声难以侵入。（6）念心不易分散。（7）能提起精神勇猛精进。（8）诸佛欢喜。（9）三昧容易现前。（10）决定往生净土。高声念佛对于遣除妄念更具功效。智旭大师有诗云："见色闻香皆妄念，计后思前转昧心，孤明六字全提出，百兽群中狮子音。"又有古德诗云："念佛休嫌妄想多，只问妄想起于何，断除烦恼重增妄，趣向真如亦是邪。"由此二诗中可见只要高声念佛，不遣妄想，妄念自歇。（二）低声念——当高声念显得太费力时，可转低声念，耳听口念心忆，绵绵密密地小声低念。（三）金刚念——不出声而口唇微动，自念自听。（四）默念——不动口唇而在心里默默地念佛。（五）记数念——用念珠记数，规定每天必念多少声。（六）摄心念——都摄六根，不忆他事专心贯注念佛。（七）静坐念——不动身口但心忆念。（八）睡眠念——日有所思，夜有所梦，日日忆佛念佛，习惯后睡眠中亦能念佛。（九）追顶念——一句紧追一句，不使佛号有片刻停顿。（十）拼耳念——念佛时注意左耳听三声，右耳听三声，两耳再合听四声，如此循环不停地念，不容外面杂事杂声侵入。上述念佛有十种的念法，但应用时却不拘束一种，可随意依自己的身心状态，或团体动作去调节。古德云：“打得念头死，许汝法身活。”这话说来容易，但却很难做到，因为我们无始以来妄想纷飞从没休止，一下把它休歇是不易办到的。念佛法门要我们称念佛号，却不是以佛号克制妄想，只要经常专心念佛，杂念即可减少，甚至能达到业尽情空，把一切妄想一扫而光，恢复本来光明。

28　体认净土法门的殊胜

念佛法门的修持说易极易，说难亦难。同样的一句“阿弥陀佛”，可是人人念来却有不同的心境。如果要把这句佛号念得好，还有几点必备的条件，即要有：（一）至诚心——念佛时必须虔诚恭敬，一心一意专注念佛，佛号皆从真实心中流露，而且声声恳切，毫不矫揉造作。

（二）深心——深信自己现是罪恶凡夫，旷劫以来迷惑颠倒，轮回六道无有出期，唯有靠佛力方能救拔。深信阿弥陀佛为摄受众生所发四十八愿，愿愿不虚，乘彼愿力决定往生。深信本师释迦牟尼佛绝不欺骗我们，所说一切念佛往生之法，如《十六观经》中三福九品往生，《弥陀经》中念佛一日至七日能克证一心，临终蒙接引往生，确实不虚；深信十方诸佛之证劝念佛，一切凡夫发心念佛，求生极乐决定得生。

（三）回向发愿心——即将过去善根及今生之身口意，随喜所修之出世间善业，悉皆以真实深信之心，回向愿生彼国以成佛道。这三心我们如能一心中发，则信愿行之三资粮必可具足。如此地念佛，将来往生一定没有问题的。

佛教各宗的修法，都必须断惑证真，才能了脱生死。唯有念佛法门，但求往生，不须断惑亦可了生死，而且收机之广无所不被；不管男女老幼，贫富贵贱，法界有情皆可修持。不论律教禅密各宗，统须摄心为一，而念佛法门，只一句阿弥陀佛，即可圆摄各宗，使万法归一。且无论忙闲寒暑，苦乐境遇，二六时中，行住坐卧，僻静热闹，或声或默，一句弥陀，皆可当为随身法宝常住不离。就因为念佛法门稳当而简易可行，所以古德有诗劝人念佛云："生死轮回几万遭，迷人不醒半分毫，今生不把弥陀念，枉在人间走一遭。"又云："一句弥陀法中王，杂念纷乱总无妨，万里浮云遮赤日，人间处处有余光。"大家平时已能念佛，现在到这里复参加了七天的精进佛七，而且也听了很多有关念佛方法的道理，大家试问可否具备了上述念佛应具备的条件？“各人吃饭各人饱，生死亦是自己了。”绝没有人可以不劳而获的。希望大家如果已具备者则应嘉勉，未具备者更要迎头赶上。此届佛七已不能时光倒流，但希望你们回去后，依然能以此为法，精进用功，并劝亲友念佛，或抽暇再来，百尺竿头，更进一步！

精进佛七感应录序言

《精进佛七感应录》这本书是我创办“精进佛七”五年内，所发生的各种奇异的感应故事。因为故事太多，而且时间久了，有些人名、地点、时间无法记得很清楚，所以也难照发生的前后顺序叙述出来，只好想到哪里就说到哪里了。

谈到感应，实在是一件不可思议的事，在我们的生活环境中，有些事情的发生是我们所不能想象得到的，甚至，更不是科学所能解释得了的。

感应故事中有许多是患有疑难病症的病人，他们虽然经过医生多年的治疗却都不能痊愈，但自拜佛以后，竟霍然而愈。

一个人的病，有些是生理上的，大都由于饮食起居的不慎而引起的，这些病可以用医药来治疗。然而，有些病，虽经医药治疗却不见它好转，这就是学佛的人所谓的“业障病”，这种病，一定要把业障消除了，才可能痊愈。

我们学佛的人经常拜佛，不但能消除业障，而且还能够运动强身治病。所以说“拜佛能治病”，这句话是很有道理的。

自我创办精进佛七以来，第一次发生的感应事实是在弘明寺，大专精进佛七里面，那时正值雨季又是冬天，据气象台报导，这一季要连下半个月，当时报到的大专学生有九十四人，护七大专生有八位。另外，加上常住住众、厨房帮忙的人，共计一百二十余人。我们拜佛，每天要拜千拜以上，人人都需要换洗衣服，这些衣服，在下雨天既不能晒，又不能放在地上，究竟该怎么办呢？佛七开始，我就祷告龙天护法。当时一位参加精进佛七的台湾“清华大学”教授颜孝钦博士，当场就跪下祷告，要龙天八部，护持道场，不能下雨。结果，精进佛七开始的第二天就不下雨了，直到佛七圆满，大家散了，天才下雨。

第二次是次年在天母吉祥寺的大专学生冬季佛七，那次，他们事先并没有告诉我那里缺水，平日只住三个人，水也正好够用。突然增加那么多人，连帮忙的总共有五十人以上，水怎么够用呢？本来一担水花三十元是可以买得到的，可是却没有人愿意挑，为了解决用水，庙里的人用几个桶子存下滴水，但佛七开始后，存的水还不够一天用呢！学生没有办法洗澡，只有我们几个负责人，勉强弄了点水来洗。为怕买不到水，大家没水吃，也不敢把水全部用光，到处请人买水也不是办法，最后才联络消防队送水，一千块钱一车，可是佛七到了第四天，水却涌涌而来，一天的流量，几十个人都吃用不完，直到佛七结束后，都不觉缺乏，这不是佛七的感应又是什么呢？

一九七五年暑假在台中万佛寺的大专精进佛七，圆满后我们去朝山，从“省议会”前的路边开始，拜到万佛寺的大殿，这段路程估计要拜两小时。早上六点钟，在我们集合讲话时，天空乌云密布、飘着细雨，如此一来，对一两百人的朝山活动，岂不大煞风景吗？因此在朝山前的讲话，我就鼓励大家尽力拜，不退缩，相信必定会有感应的，话才讲完，正式拜佛开始，雨就不下了，甚至太阳也出来了；大家三步一拜，拜了两小时，终于拜进万佛寺的大殿，等到最后一人进了大殿，竟然下起倾盆大雨，如果说这是巧合吧，怎么巧得这么巧呢？这真是不可思议的事，由此可知念佛、拜佛是有种种感应的，因为护法龙天定会守护道场及护持修道的人。

其次说到我个人的感应，是在一九七三年，那次佛七是月小，我们是每月农历初一举行佛七，那月二十四日台南福国寺佛教青年会请我去讲演，并带他们去游览嘉义等地。二十五日回凤山，到了二十六日我感觉嘴讲话很不自在，尤其我有高血压症，血压一直很高，这时心里真是又惊又慌又害怕，心想二十八日就要到台东了，万一中风不能讲话，那么精进佛七怎么办呢？开示该如何去讲呢？因此到了台东，我就跪在佛前，求佛慈佑，佛七间我每天要讲三次，当时我也曾将嘴的活动不便，告诉了我的徒弟，不想睡了一夜，二十九日规矩照讲，而且佛七下来，嘴都能很自在地讲话，这是我第一次的感应。

第二次是办大专精进佛七开始，因为我的高血压症是一九五九年八七水灾，在关房里摔了一跤，伤到了头和背脊所引起的，所以每次讲话，头就痛，看书也不能超过二十分钟，有时痛得厉害，连报纸上的大字都不能看，因此以后每打佛七，都要请人翻译，这样也好趁着翻译的时候，休息一下，如此才能开示一个钟头。有一次，文化学院找我去讲话，我准备好了题目去讲，不想没讲多久，头就痛得无法再讲。而这次大专精进佛七开示，是不请人翻译的，十几年来，没离开过翻译，一口气把话讲完的，当时，我心里害怕，就在佛前祈求佛菩萨慈悲保佑我能讲，等佛七过了，再恢复我的病痛我也愿意。佛七开始之后，我正式规矩讲演，一讲讲了一点又四十分钟，头也不痛，并且还讲得津津有味，心情大畅，从那时起，直到现在，逢到大专佛七，都没问题。

再有一次，一九七五年举办出家班的精进佛七。事先我从弘明寺回来就感觉腰痛，严重得不能拜佛，起初我以为是在弘明寺打佛七，一天拜八百拜，拜多了腰痛，可是仔细检讨，原来是旧病复发，关房摔伤的地方没治好，又因一九六八、六九年间在凤山散步，当时天雨路滑，又摔了一跤，新伤旧伤没有完全治好，所以复发之后相当严重，不能拜佛。由于我是领导人，每次佛七，规定大家拜八百拜，我就拜八百拜，规定拜一千拜，我自己也一定拜一千拜，否则，又如何叫大家去拜？所以，那次佛七，我相当的苦，每拜一拜，就吭一吭，好些人看我拜，都哭了出来，可是我还是咬紧牙根，一天拜上一千拜，佛七完了，休息三天，又开始了第二个佛七。在休息三天之中，徒弟——慈琛住持，曾拿药给我敷，这一敷更坏，晚上八点钟敷上，十二点就全部拆下来，又痛、又痒、又肿、又硬，一夜都无法入睡，第二天就用大量的白花油来消肿，以后不再上药，佛七开始，仍是一天一千拜，到了第四天病却完全好了，真是药物无效，却是拜佛拜好了，这可是我本人亲身经验的三次感应事实，也是拿我本人来做证明。

这本书，将要出版了，我想就拿我自己的感应经过，作为我这本书的序言。本书的内容可以说无奇不有，能使读者流泪，也会破颜一笑，文约九万余字，收集八十人的感应故事，由张绣芳、陈丽丽及朱碧梧三位青年同学，分别为我记录、清稿成书，张心义、林煌城、朱美美、杨美玲等居士校对，在此一并致谢！

一九七七年五月煮云于凤山佛教莲社忏悔室

精进佛七感应录

1　怪病痊愈

当事人释心慈

现在再与大家说一个不可思议的感应故事，那就是我们凤山佛教莲社的一位尼师，名叫心慈，心慈师出家后，大约在一九六五年到莲社来住，一直到现在已经住了十多年了。她二十一岁出家受了戒，第二年就到凤山佛教莲社，她小学都没有读过，根本不认识字，初来的时候，连我讲的话都听不懂，她很勤劳，也很注重戒律，她到莲社来就开始持午，平时很用功拜佛、念佛，到现在她什么经都会念，也会写信，也能听得懂我讲话。她最大的长处是不在人前谈论别人的是非，同时也不看旁的书也不听音乐及做其他娱乐的事；她只看佛书，听法，听空中讲经的广播，还有我到各处讲演的录音带，她都要听。

心慈师在一九七〇年时得了一种怪病，那种病的确很怪，连医生都无法说出它是一种什么病症，看遍了所有的中西医，也没法知道她患的是什么病。

她的病症，是全身的气好像都在皮里面，肉上面，全身都如此，没有事的时候，她就想办法把气吐出来，如此她才会觉得舒服些，如果这些气留在皮下排不出，她就很痛苦，讲话也讲不出来。她经常是事情做完后，就坐在那儿吐气，“嗨、嗨、吐、吐、吐”地不停，莲社同住的人就与她开玩笑，用手指在她背部按一下，她就“噗”一声，就好像皮球泄气似的，随便在她身上碰一下，她的气就会从口中出来，全身都如此。

她痛苦得连讲话都不能讲，念经也无法念，她是这么样一个虔诚持午的出家人，却得了这种怪病。

她自己也说：在莲社，每天早课，念楞严咒，由于人少有时接不上，她在敲木鱼，就帮着接几句，一开腔，几句念下来，就痛苦得不得了，如此这个病拖了两年多。

这期间在台东打精进佛七，也打了六七次，我就对心慈说，你这个病，大概不是医生能医得好的病，而是一种业障病，业障病一定要忏悔业障，业障消除，病也消除。

到了一九七二年九月份，第八届的精进佛七，我就带着她去台东打佛七，那一次佛七人很少，报名的人只有十六个，其中有六个是不识字的老太婆，她们不但是念佛念不好，而且还念不上板，所以我们那个佛七是相当苦。心慈也不能念，我们就在念佛前一天，录了一些念佛录音带，可是录了很多次，始终录不好，我就对心慈说：你看怎么办，我把你带来，出家人不能念，在家人也念不好。她只有对着我苦笑。

那天晚上我们大家睡觉时，心慈她没有睡，就在佛前求，求佛菩萨加被她，她发愿“我希望这个佛七让我开口念，哪怕是佛七后，再恢复我过去的病”，求了一夜，她都没有怎么睡，第二天开始，她只有打犍槌，不能开口念，一天过去，到了第三天，我听到心慈开始念佛了，我心里好高兴，一定是心慈得到感应了，她不得感应，她没办法开声念，第四天，第五天，她的声音愈念愈大，整个佛七中就听到心慈大声地念佛，直到佛七结束，我们开检讨会，要求大家将佛七中所得到的心得感应报告给大家听。

轮到心慈报告她得感应的经过，她说：只希望在佛七中能开声念佛，等佛七结束再恢复她的病。这就是她可爱的地方，在佛七中第三天，她就可开声地念佛，后来是声音愈念愈大，她得到什么感应呢？她得到口中出甘露的感应，从佛七第三天开始至结束，五天中她没喝一滴水，甘露是从嘴中出来，她说甘露都吃不了，她不要喝水的。她念佛的声音愈大愈虔诚，口中的甘露也就出得愈多，这甘露是又甜又凉，咽下去浑身舒服，所以她这个佛七打下来，把她的疑难之症，医生无法医好的病，佛陀给她治愈了。而且她嘴里出甘露，她这甘露出多少时间呢？一直到佛七结束回家，她嘴里还是不断出甘露，而每天不必喝水。维持了将近半个月，由于事情忙，也没有念佛了，这样子甘露才渐渐没有了。

第二次她再去打佛七，祈求佛菩萨加被，使她嘴中能恢复有甘露，她虔诚恳切地求，到佛七打了第五天才出甘露，可惜没第一次多，后来就没有了。

这孩子很虔诚，在佛七中很少看到她睡觉，整夜都在大殿拜佛，拜得太辛苦就趴在地上睡，我夜里起来上厕所，就看到她伏在地上，她一看到我的袈裟，吓了一跳，她平常拜佛一天拜个一千五百拜是很平常的事，她一拜就是五百拜，她用五百颗草菩提珠子计算，用一个纸盒装着，拜一拜，拿一颗珠子放到另一个盒子内，如此五百颗珠子拿完，也就拜了五百拜佛。五百拜佛，她只要一个多钟头拜完。她每天早课做完，就能拜五百拜，等吃完早饭，整理好大殿，又能拜五百拜，那时家里上午还要念几支香，她就打板开始念佛。到午饭后睡午觉起来，她又能拜五百拜，所以说她一天一千五百拜可说是从没间断过的事情，她的修持及进步一直如此，过去她不识字，到目前她能念佛经、看佛书、能持咒。

这种不可思议的口中出甘露的感应故事，在佛七曾出现过几次，可是没有她这么多。这是第八届精进佛七的事。

2 手术后伤痛霍然而愈

当事人郭俊雄

现在讲第三届的感应故事，第三届精进佛七是在一九七二年四月初一开始的。住在台东镇成功路七十八号的郭俊雄居士，当时是三十九岁。他因病到台北开刀，开刀后六七个月，身体仍然不好，甚至于抱个小孩，伤口都会隐隐作痛。他家是开小型铁工厂的，他本身是负责人，因为身体不好，所以什么事都不能做，在未参加佛七之前，我在台东佛教莲社讲经，他告诉我病苦的情形，我劝他去打精进佛七，他说："怕身体受不了。"我说："就是因你身体不好，我才要你去打精进佛七，打精进佛七如能精进好好念佛，一定会得到感应。"他才下决心去打精进佛七的。

他说，在开刀的时候，见到观世音菩萨感应也很多，因为当初他对佛教的信仰很复杂，什么也不懂，所以念的时候，什么妈祖公、上帝公、土地公，他都念，都求，所以在开刀时所遇到的一些境界都不是正信。

后来，我在台东讲经的时候，他才皈依了三宝，我又劝他去打佛七。

佛七到了第三天，早上第一支香，出堂绕佛的时候，正当他脚提起来跨出大殿时，似乎有什么东西咬住他的脚，他痛得要抬起脚来，可是脚却被人用力往下拖，因此腰部的伤口被震得很痛之后，突然开刀的伤口不再疼痛了，从此念佛的声音愈来愈大，他内心很是高兴，他说，他开刀的伤口六七个月不见好转，来参加佛七，念佛居然好了，他的感觉实在有说不出的愉快。

后来，他又来打第二次的精进佛七，想再得感应，这一次，他非但没得到什么感应，还闹了许多笑话。

到底是什么笑话呢？佛七打到第六天，他还没有感应出现，心里就很焦急，决定今晚整夜不睡觉要拜佛拜通宵，当拜到两点多钟的时候，口干要找开水喝，开水没有了，然后见到大家都回去睡觉，大殿只有一位尼师在拜佛，他就想回去睡觉。上床还没有睡着，他就听到打板的声音，急忙跑到大殿，奇怪怎么没什么人起来拜佛，还是那一位尼师在拜佛，他就问："打板了没有？"

"没有啊！"

他又回去躺下来再睡，没睡着，又听见打板的声音，心想奇怪，会不会是我听错了，可是仔细听，没错，确实是打板的声音，所以他就爬起来，又跑到大殿，还是只有那位尼师在拜佛，他又问："打板了没有？""没有啊！""我明明听到打板声才爬起来的。"那位尼师说："没有！时间还没有到，怎么会打板呢？"这就怪了。

他又回去睡，又听到打板声，三四次起床，又回去睡，反而使他心里害怕，因为前一天，我在大回向前，讲开示时，讲了些鬼故事，他心里害怕，愈睡愈怕，莫非是鬼来找麻烦，也就不敢再睡。

佛七圆满了，他就问我："这一次来打佛七，非但没得到感应，反而使我害怕得不能睡觉，这到底是怎么回事？"我就说："你在佛前不是说要拜通宵？"他说："是啊！""你为什么没拜通宵，夜里又去睡觉呢？"他说："没有水喝，我就去睡了。"我又告诉他："找你麻烦的是护法神而不是佛菩萨，因为你自己说要拜通宵的，结果你没有拜通宵，所以他使你夜里不好睡觉。"

另一则笑话，就是有关放蒙山的事，他看到人家做晚课放蒙山，他回去，自己就在家里放蒙山，在家居士不可随便放蒙山的，因为出家的寺庙他们每一天都有定时放蒙山，施食于孤魂野鬼，所以每天到了一定的时间，这些孤魂野鬼就要来接受甘露法食的。而在家居士往往有其他事情耽搁，或者是忘了，这些孤魂野鬼来了，等不到施食，他们就会生气，郭俊雄他不知道这个道理，在家放蒙山。有时事情忙，忘了放蒙山的时间，鬼魂来了，等不到食物，他桌上的玻璃杯子就摇晃不止，好像来向他要食物似的，把他吓得要死，从此以后，他就不敢如此做了。

有些事情我们不能看出家人如此做，我们也跟着如此做，因为出家人做，有发愿，譬如说一年，或一百天放多少焰口，他们是愿心而做的。

3 置之死地而后生

当事人余金穆

现在，再同各位讲一个精进佛七的感应故事，这是第五届精进佛七，是一九七二年六月初一开始的。

有一位余金穆居士，他是屏东潮州一个小学的教员，当年，他四十八岁。住在屏东潮州镇三星里三华巷八十二号，他曾皈依玄妙法师，法名性定。

这位余先生有什么毛病呢？他曾经全身有很多种病，他预备到日本去治疗他的病，到日本吃自然食治病去。所谓自然食，就是所食的东西，不下水煮过，也不炒，完全生食，只吃水果、生菜，日本人就很多用此方法治病。

在预备去日本前，他就到台东参加精进佛七。这是第五届，参加的人很多，他提前两天到达清觉寺，住在男众的大寮房。结果，报到的人特别多，台北方面，一下子来了十几位女众，住不下，所以委屈男众迁到由客厅临时改成的小寮房，由于男众只有六位，挤一挤，一间小寮房也够住。

这位余居士，有个毛病，新换一个环境，整夜睡不着，这次来台东，第一夜住在大寮房，他整夜没睡。第二天，由于女众人多，他们迁到小寮房，他又是一夜没有睡，再过一天，由台北来的一位男居士感冒，夜里咳嗽，那位居士咳了一夜，他又一夜没睡觉，结果是连着三个晚上没有睡觉。

我们精进佛七，一天九支香，还要拜佛，很辛苦，白天根本无法睡觉，又因一连三夜没有睡，他就吃不消了。到了第四天，他旧病复发，脑后两条神经硬起来，非常痛苦，他一发现他这个病复发，吓得魂飞天外，他这病要不断吃药，外面还要敷药，非要花上半年的时间才能治好这种病。

唉！佛七打了三天，旧病复发，他内心凉了一半，他本想在去日本之前，来台东打佛七，消消业障，偏偏好处没得到，反而旧病复发。第四天夜里，他又睡不着，头又痛，心又烦，心想这个佛七这条命可能送掉了。后来再一想，能在念佛之中而死，这也算是一件好事。因为有这么多人念佛助我往生。他心一横，好吧！死就让他死吧！就把一切置之度外，开始念佛，他也不知道什么时候，念佛念得睡着了，直到第二天早上打板才将他打醒，他突然发现自己能睡觉，爬起来后，用手摸摸头后面的筋，变软了，也不痛，他的病好了，他心里高兴得不得了，实在无法用言语来形容心中的高兴。

所以说，有些事情是置之死地而后生。我们人的身体，你天天想它，又如何保养它，要它好，身体反而不好，你不把它当一回事，不去管它，反而会好起来。

那一届佛七，余金穆居士就是一个例子。他打过佛七至今，一直没有时间再来参加佛七，他人虽没来，可是经常寄费用协助精进佛七的发展。

4　念佛治愈塞音症

当事人陈丽娟

同一届佛七的另一位陈丽娟女士，她当时四十岁，丈夫高怀庆，天津人，是建台水泥公司的顾问，他们住在高雄市三民区河北二路一五三号。

据她丈夫说高雄有三个水泥厂都是他设计的，他本身是工程师，这位太太是本省人，嫁给外省人，他的丈夫人很好。

她们母女两个人一同去打佛七，我看她们母女都长得胖胖的，可是在佛七中她们就是不开腔念佛，只看到她们嘴在动，没有听到声音。

我主七的习惯，就是主张大家开口大声念佛，看到有人不开腔，就要骂，骂了好几天，仍然听不到她的声音，后来佛七结束，在当时检讨会她都没有讲她的情形，只有透露一句话：我患了一种塞音症的病，喉咙发不出声音来，所以念佛没有声音。

后来佛七结束，她们回去后，有一天，她与她丈夫一同到凤山佛教莲社，说明她生病与病好的经过。

在八个月前，她得了塞音症，喉咙说不出话来，即使说出话，声音也很沙哑，很小声，因为声带有了毛病。

为了这个病，不知道看了多少医生，也请外国医生看，甚至于还到日本去治疗这个病，什么药都吃过，可是仍不见效，所以，她就到台东去打佛七，念佛念到第五天，突然有了声音，这个怪病居然不药而愈，她自己本身还没怎么特别发觉，可是回到家，与家人谈话的时候，左右邻居，听到她的声音，觉得很奇怪，就跑到她家问她，高太太，现在你的病怎么会好了呢？为何我听到你讲话的声音那么响亮呢？她说，我也没怎么吃药，或找医生看，只是去念佛，念好的。

高太太很虔诚，她后来又去台东打了好几次佛七。这也是精进佛七中的感应故事。

5　断除一指救母病苦

当事人鄂辉泰

现在讲第七届精进佛七的感应故事，这是一九七二年八月一日开始的。

这位居士叫鄂辉泰，当年才二十八岁，住在花莲市花岗街十四号。他是铁路技工，对母亲很孝顺，他曾为了母亲的病，剁掉了一个指头，为此他对我说过当时的情形。

那时他们家里也没有佛堂，母亲是个外道，对佛教没有正信，家中只有一张小的西方三圣像，有一天晚上，当家里的人都入睡后，他拿了一张桌子，放到室外，桌上供了西方三圣像，还有一个小香炉，燃了三支香。

他跪在佛前，祈求母亲早日恢复健康，因为他母亲患咳嗽的病，日渐加重，他心里很着急。他恳求佛菩萨加被，他愿意断一个手指头替母亲忏悔业障。

祈求完毕，他就拿了菜刀，将手指剁掉，然后将伤口用香炉里的灰涂上，用布包起来，也没有感觉有什么痛苦，第二天，照常上工。过了一天才感到疼痛，找医生治疗，擦点药也就好了。

这个人到清觉寺去念佛，很奇怪，他的喉咙，特别大，念佛声也其大无比。佛七结束，开检讨会，他说：“我这七天来，我没有白吃清觉寺的饭，我在清觉寺念佛，是将我吃饭的所有力量，拿出来念佛。”他每支香念佛，都是尽所有的力量念，声音特别大。

他念佛精进又虔诚，所以他的感应也特别多。他看到许多瑞相，佛在空中现身，先看到观世音菩萨，又看到大势至菩萨，然后看到阿弥陀佛。看到西方三圣之后，他心中想，佛、菩萨的四周还应该有众多菩萨围绕，也就是清净大海众菩萨，我为什么没见到他们呢？对了，一定是我的虔诚心不够，所以见不到。他更精进勇猛地念佛、拜佛。

等到第二天念佛，在绕佛的时候，他看到很多的菩萨跟随着阿弥陀佛在空中现身。他心中想，只看到佛菩萨在空中现身，没有看到他们放光，一定是我诚心不够。他就更精进又大声念佛。后来他终于看到佛菩萨放光现瑞，这种感应只有他一个人看到。

他在佛七中也不可能打妄语，所以大家听了都相信他。我们再参考他的过去，为了祈求母亲的病早日康复，而剁一个指头，可见他是孝感动天。还有他在佛七中念佛，绝不苟且马虎，大声念。所以他所看到的境界，也不可能无中生有。我们看不到，不能说没有这回事，只能说我们自己业障重，而鄂居士能看到瑞相，是他业障消除。

6　跌碎膝盖骨拜佛而愈

当事人顾瞻峰

现在再讲第九届，一九七二年九月初一日举行的精进佛七中发生的。

有一个在家居士，他是江苏省启东县人，叫顾瞻峰，他皈依星云法师，法名慧得。那年他去打佛七时，五十七岁。他住在屏东市中正路一百二十一号。

这个人很有意思，他来打佛七的第一天就吐血，有人就告诉我，顾瞻峰吐血了，我一向对这种事不介意，我常说我们这儿是综合医院，什么病都能治疗好回去。

我就叫慈宗法师拿点感冒药给他吃，告诉他这个药吃了就能止血。他吃了感冒药之后，果真不吐血了，也就好了。接着就开始打佛七，佛七圆满后第二天早上开检讨会之前，他们三个由屏东一起来打佛七的居士，看到我，就向我拜。我问顾居士这个佛七感受如何？他就跪在地上，哭得很激动。我一见此势，就对他说：现在你可以先不要讲，等开检讨会的时候再讲。

等到开检讨会，轮到他讲话，他站起来说：“我的感应很多，师父要我讲，我怕讲不完，我又会激动地哭起了。”果不其然，他没讲几句话，就哭起来，这一哭不可收拾，根本没有办法讲下去。还是与他同来的居士，代他讲了一些才结束。

吃过午饭，他们等车来接他们下山，中间有一个多小时，大家都在外面树下休息，我就利用这个时间同他谈。我说：你现在饭也吃了，检讨会也开过了，心也平静下来，你可以告诉我，你这次佛七的经过。

他就说：“我全身都是病，我这次来打佛七，我没有其他的要求，我只希望能活着回去，这就是很不错了。”

他说，他在屏东自来水厂当技工，平常很不容易请假，这一次费了九牛二虎的力量，请了几天假来打佛七。下次能不能再打佛七，都不知道。“我的病很重，我没有别的要求，能参加打佛七，活着回去，就是我的幸福。”

“我这次最大的感应是拜佛将膝盖骨拜好了。”

他说：“我在三月之前，摔了一跤，将膝盖骨摔碎了。用石膏包住，过了好久，才将石膏拿掉。医生一再警告，要我好好休息，不要活动，否则病容易发作。

“到了清觉寺，要拜佛，大家都在拜，我不能不拜，拜了之后，膝盖就痛。所以说在佛七当中，前三天以拜佛为苦，后四天却是以不拜为苦。这个话怎么讲？因前三天，拜佛膝盖骨会动，拜都是咬紧牙根地拜，每天晚上，九点开始拜到十二点，最后四天，不拜佛反而觉得膝盖骨会痛。”

这个感应很不可思议，破碎的膝盖骨不但因拜佛而好，并且能活动自如。这在医学上实在说不过去，医生是要他少活动，最好不要动，让他休息。他反而因拜佛而拜好了。

当然啦！其他的病，不可能一下断根，至少他精神比以前愉快，身体也就慢慢地变得强健起来。

7　佛七未打先愈风湿症

当事人张宝凤

现在讲第八届，一九七二年九月份举行的精进佛七的感应故事。就是上次讲心得感应的那一次佛七。

我们精进佛七说起来也是一把心酸泪，有时候人很多，住都没地方住，管理起来又很麻烦，有时候人很少，念佛都没有声音。所以我们出家人，办佛七，辛苦得不得了，自己要念，自己要拜，自己还要领导他们管理他们，又要讲开示，一次佛七打下来，总是精疲力竭。

这个故事是说什么呢？由于出家人少，我就到佛光山，请星云法师帮忙，佛光山决定派三个出家人帮忙佛七。

结果到临时，有一位出家人有事，只有来两位帮忙佛七。

两人当中有一位张宝凤女居士，从小在佛寺中长大，她一九五六年就在嘉义普德佛堂皈依我，现已在佛光山出家，法名依顺，在佛光山大悲殿中照顾香火。

她来参加佛七的时候，四十七岁，我也不知道她有风湿病，在路上沿途对我啰唆："师父啊！还有多久到？""师父啊！还有多久？""到了没有啊？怎么这么远！这么远！"我心想这个人过去不是这样的，现在怎么会如此呢？没有几个钟点的路，就一直追问到了没有，还有多远。

好不容易到了清觉寺，她又要求要吃饭，我说："你怎么会变成这个样子呢？"她说她好痛苦，好痛苦。

在佛七当中，她得了感应，她告诉我，她的感应经过，我才知道原来是这么一回事，这个感应说起来很好笑。

她说每年在八九月份时，她的风湿病就发作，一发作就痛苦万分，躺在床上要一个多月才好。这次来参加佛七，也正值风湿病发，在路上行车五个多小时，就几乎支持不住，所以一再问师父，还有多久才到达清觉寺。到了清觉寺就恨不得快点吃晚饭，然后上床躺着休息。

当天晚上洒净之后，有两次地震，第一次地震较小，她躺在床上，摇摇晃晃，她的病居然被摇好了一半，她感觉没那么痛苦了。第二次地震较大，电灯像荡秋千似的摇摆，她躺在床上被摇得大翻身，这一摇，把她的病全摇光了。佛七还没开始，她当天就得到感应，这个佛七，她高兴得不得了。每天大声念佛，佛七圆满开检讨会她讲话声音都哑了。

到目前为止，她的病都没有发作过，现在你们到佛光山去看，她精神抖擞，什么病也没有了。

佛菩萨的感应真是不可思议，尤其是现在末法时代，护法神希望人信佛，尽量给人帮忙，有的人患病，没有完全好，那是他个人业障深重的关系。

8　燃香供佛感应多

当事人曾进明

第十一届精进佛七的感应故事，这是在一九七三年二月初一开始的。

曾进明居士，当年四十七岁，皈依圣严法师。他住在左营莲潭路十六号，就是靠近春秋阁，家里是卖土产的商店。

那次佛七，他们兄弟俩一同来参加，那时候还没有规定一天拜八百拜。弟弟曾进胐是佛光山的大护法高雄裕隆印刷厂老板。他们两位发愿一天拜一千拜，每天只吃中午一顿。

曾进明在佛七中得到很多感应，因为他很懂得佛法，很久以来都是一天只吃一顿饭。他身上的香疤很多，两个手臂没有一块是完整的，都烧得密密麻麻。他告诉我，逢佛菩萨节日，他都要烧香疤纪念，有时候烧九个，有时候烧十二个，最少也要烧三个香疤，他那次去，除了每天一千拜之外，在第六天晚上，他要烧九个香疤。为了纪念阿弥陀佛的四十八愿，他要燃四十八个香疤。四十八个香疤并不是一次燃，他已燃了三十九个香疤，只剩九个香疤就圆满。

他这次燃香疤，前八个用香烧，第九个香疤用棉花蘸油就放到皮肤上，旁人不敢替他烧，只有请慈宗法师替他烧九支香，九支香发火，火光透明往上烧，旁人看了都害怕，他倒无所谓，这真是很不可思议的事。

佛七圆满了。他说："我不是不懂佛法的人，懂得佛法的人，不希望求见到境界。"《金刚经》上说："凡所有相，皆是虚妄，若见诸相非相，即见如来。"如果一味只求境界，则是"是人行邪道，不能见如来"。"因此，我不希望见到这些境界，可是它一定要让我见，我又不能不见。"他还说，他都是眼睛闭上才见到这些境界。

在第一天，止静时，见到一座高山，山上有许多个洞，每一个洞内皆有一尊石佛像，到第三天，佛像又变成铜的佛像，而发亮，到第四、第五天佛像现出是银色的，第六天佛像全是金色的，到了第七天，所有的佛像都大放光明，而且山上的境界就像极乐世界的境界一样。这些并不是求得来的，而都是自然而然见到的。

曾居士到目前为止，还是一天吃一顿，很虔诚地学佛。

他的女儿曾宝秀，高中毕业后，就到佛光山丛林大学就读。现已出家，当她剃度出家的时候，全家人及亲朋好友都去道贺，那一天曾居士请了九十桌客，就如同替女儿办喜事一样的光彩。

9　要与阿弥陀佛拼命

当事人释和妙

现在讲第十四届精进佛七的感应故事，这是在一九七三年五月份举行的佛七。

当时住在台南市安南区中洲寮福国寺的住持，和妙法师，他当年七十六岁，他在佛七中，也有不可思议的感应。

他有咳嗽的病，也就是多病成痨，因为年轻的时候，太劳累，身体就一直没好过。可是这次来参加佛七，多年的痼疾不药而愈，其中的感应很曲折，也值得向大家介绍。

慧中法师介绍和妙老和尚来参加佛七，可是他说，他有咳嗽的病，念佛之中咳嗽，会打扰别人。慧中师一再劝他，说这个精进佛七很灵呢！说不定你去打佛七，这咳嗽（扫把）就会留在清觉寺。和妙老和尚一想,也对，最好这个病，不要再带回台南，拖累我那么多年实在受不了。

这次佛七，福国寺的信徒，来了十多位，由慧中法师当领队。佛七中，和妙法师年纪较长，又是出家人，请他坐在面朝佛像外的正前排，他面朝里坐着。我讲开示时，就骂大家不开声念佛的。我主七就主张大家开声大声念佛。我每天开示都在骂不开声念佛的人，我骂是普遍地骂，并不是针对某一个人骂。可是这和妙老和尚以为我每次都是在骂他，因为他有咳嗽的毛病，一开口念佛，就会咳嗽，如此嘛！又会影响别人念佛，所以他就没有开腔念佛。

因为我讲开示，要大家忏悔业障，要真心地忏悔业障，病苦才会消除，而我每次训大家不开腔，他也以为我又在骂他。第五天上午念佛时，这老和尚痛哭一场，一边念佛一边哭，也有人因为忏悔业障，真心哭泣，如此病也好了的。

第五天晚上，他看大家都睡觉了，就拿了蒲团到佛前，他准备向阿弥陀佛办交涉，算总账。他在佛前说：我的病，生了那么久，主七和尚要我忏悔，我也忏悔过了。要我哭，我也哭过了，为什么别人的病能好，我的病始终不见好呢？我今天跟你拼命，如果我的病不好，我就不回去，我死在这里。说完之后就开始磕响头，头拜下去，打在蒲团上跳得好高，拜了一百零八拜之后，突然喉咙好了，第二天念佛也可以大声念。

佛七圆满后，老和尚在检讨会上报告他得感应的经过，他说："我是贫苦人家出身的，我爸爸给我遗产是什么呢？就是一个扁担，两个挑泥的畚箕，还有把锄头，我就靠替人挑泥过生活，一直到四十岁，为了多赚五分钱，我就更加辛劳，多替人家担些泥土。如此就患上咳嗽的病，三十六年来，病愈来愈厉害，也一直没治疗好。"后来变得很有钱，因为儿子都大了，也有了很好的发展，尤其是第二个儿子，在台南开工厂，做牛头牌球鞋，外销很多，可是有钱却治不好他父亲的病。

这老和尚讲话也很幽默，他说："我在阿弥陀佛前磕响头，是吓阿弥陀佛的，我如果真的在水泥地上磕响头，不要几下头就破了，早就死了，我在蒲团上磕，蒲团是软的，只是声音大，头并不痛。"

没想到第二天居然将三十六年缠身的咳嗽，留在清觉寺了。

10　六次感动而哭

当事人姚鼎杰

第十五届精进佛七的感应故事，这个佛七是一九七三年六月初一开始的。

台南的姚鼎杰居士，他是江苏盐城人，那个时候四十七岁，他家住在台南县佳里镇民生街十八号。

姚居士是警察局的一位科长，也是位很虔诚的佛教徒，可能现在还是经常到监狱布教，他也参加新营念佛会，他们全家人都皈依佛光山星云法师。

他参加我们第十五届的精进佛七，是同麻豆的胡崇理老居士一同来的，胡崇理也是佛教界很有名的老居士，是西康人。

他同他的长子姚寿桩（当时二十岁），还有次子姚介和（当时十三岁），刚刚小学毕业的小孩子，他们父子三人与胡崇理老居士同来参加佛七。

那次是台风过境，新营警察局就打长途电话给他，清觉寺的住持慈琛法师就陪他下山到温泉派出所接台南的长途电话，一路上，山上的石头不断往下掉，一不小心就会打破头，慈琛法师沿途招呼他，要他走里面没有石头落下的地方，一路保护他，使他大受感动。那次佛七他哭了六次，每一次都不是为自己哭，都是为了风难的灾胞，还有为修行不容易等种种事感动得哭泣。

那次佛七他绝食三天，他说他也不是为自己绝食，是为了道场，为了报师恩、佛恩，为了怜悯饿鬼而绝食。

说到他绝食的经过很有趣，早上、中午过堂他都参加，为了要听我讲开示。所以他看到别人吃饭，自己不吃，更加促使他感到饥饿，只有不断咽口水。他身体很好，第一天绝食下来，夜里肚子饿得咕噜咕噜叫，腿也软了。他内心很气自己没有用。他来的时候，他太太为他们准备些牛奶、饼干，因为怕他们小儿子持午受不了。

姚居士夜里肚子唱空城计，睡不着觉，而睡在他隔壁的胡崇理居士打鼾声很响。他夜里翻来覆去睡不着。

由于他饿得难受，睡不着，就伸手准备拿奶粉泡牛奶喝。刚伸出手摸到罐子，他内心有种警觉，自己告诉自己不可以！不可以！我的绝食又不是别人逼迫我，是我自己要绝食的，为什么一天都不能忍呢？如此我还学什么呢？所谓学佛者，要难忍能忍，难行能行，我连这一点苦，都不能吃，还行什么菩萨道呢？

既然睡不着，干脆起来，到佛前上香拜佛，然后跪在佛前与阿弥陀佛讲话："阿弥陀佛，您要慈悲，护法神你要加被我，我身体很健康，绝食三天是没问题的，为什么我一天不吃饭就没有力量呢？”

讲过话之后，精神振作起来，两个腿都有力了，开始绕佛念佛，不睡就干脆不睡，愈跑愈有劲，他就支持下去，第二天、第三天绝食都很顺利过去。佛七圆满，还是好好的，所以我们常说一切唯心造，精神的力量胜于一切，身体平常习惯吃饭，到时候不吃，饿虫要吃，使你难受，如果没有强大的愿心，实在无法持久不吃的。

有些人七天不吃饭，可以坚持。有些人三天不吃饭也可以坚持。台南有位居士，绝食第一天晚上绕佛就受不了，结果跪在佛前痛哭，忏悔自己业障深重，连绝食一天都受不了。

11　护七感人故事

当事人周清云

现在开始讲第十八届的精进佛七的感应故事，那是一九七三年八月初一开始的，那次佛七人也不多。

有一位周清云居士，那时五十五岁。他是皈依隆泉老法师，法名能清，家住在台北市罗斯福路二段二十四号。

周居士热心净土法门。他过去热衷别的教法，有十多年的历史，他本身吃长素。

他对于精进佛七很护持，他曾参加第三届的精进佛七，回去后介绍许多人来打佛七，如太太、姐姐、哥哥、女儿、亲戚、朋友等，由于他的影响，台北方面到清觉寺来打佛七的大概有一百多位。

第十三届，他介绍他的岳父、岳母来清觉寺打佛七，他的岳父叫杜新传，住在基隆，那个时候已经七十二岁了。

他来打佛七，其中有些事情，很值得大家一提的，可算是我们的辛酸泪，也可算是感应故事。

周清云的岳父从来没有上过香，也从来没有拜过佛，他本身是中医师，脾气很大，也很骄傲。

周清云居士是希望他岳父能参加佛七，而接引他信佛，因为他岳父年纪大了，又有病，身体不太好。但愿他在佛七中能有感应，而病能痊愈。所以周清云居士一再鼓励他的岳父来参加佛七，然后陪他老人家与岳母，一同到清觉寺来打佛七。

他岳父是位老太爷，在家被侍候惯了，佛七过堂吃饭，也不守规矩，还说菜凉性的，吃了不好。又说这种菜吃了没营养，自己不吃不要紧，反而要大家不要吃，如此弄得大家心里很不舒服。

而且他的老爷脾气，很不合作，要上殿就上殿，不上殿就在寮房休息、抽烟，住在男众寮房又爱讲话。讲他又不好意思，不讲他吗，又破坏我们的规矩。那次佛七参加的人特别少，他们来了四个，周清云是我们清觉寺的护法，我们对他也是很尊重，叫他们走吗，佛七人已经很少，再走四个，这也不太好。留下他吗，今天闹一下子，明天闹一下子，后来我们就要求这位老太爷，你可以不参加念佛，你就住到清觉寺的那一边去，随你去玩好了，这样子大家可以好好念佛。他说："我不要去，住在那边，没有人侍候。"他太太，每天早上还要替他打洗脸水，侍候他抽香烟，唉！这些习惯，我们实在受不了。周清云居士也是两面为难，看他岳父如此不守规矩，他也是有苦说不出，无法向常住交代。

周清云只有求佛菩萨加被，跪在佛前发愿，只希望他岳父能安安静静将佛七打完，而能得到感应使身体能复原。他下次来参加佛七，一定绝食三天。

我们像对待小孩子似的，对他岳父又劝又哄地告诉他："你可以不必到斋堂吃饭，我们另外烧些你喜欢的菜给你送到房间里去吃，你也可以不必上殿念佛，只是上殿的时候，不要在里面讲话，使得旁人无法好好念佛。"对他岳父说了许多好话，他才肯留下，等打完佛七再回去。不然，到了第四天，他就把包袱打点好，坚持要回基隆过他老太爷的生活。

没想到回基隆后，他岳父的身体也变好了，脸色也红润。他来清觉寺的时候，面色铁青，他本身是医生，自己却治不好自己的病，没想到来打佛七，吵吵闹闹的，反而得到感应回去。

第十八届佛七，周清云居士来实行他的诺言，绝食三天。他过去没有绝过食，拜佛又怕流汗，尤其是在夏天，拜了几十拜全身就汗湿了。他为了要实行诺言，每天拜佛拜一千拜。我在大专学生的佛七中，每天也是一千拜，每天要换十次的衣服。周居士三天的绝食也很顺利过去，并不觉得饿，这也是佛菩萨的保佑。

佛七圆满结束后，他来问我许多问题。

师父，以我岳父这样的人，他来打佛七能得到感应，理由好像说不通。我参加过那么多次的精进佛七，都没有得到感应。可是我岳父他什么也不懂来打佛七，居然得到感应，实在很不可思议。

我就告诉他，他得感应，他有他的理由，你的岳父从来没拿过香，可是他这次来拜了七天佛。他平常对佛教根本没有护持佛教的心，他这七天，每天见了佛像礼拜，每天也跟着念佛，他虽然不是每支香都参加，最少一天有三四次的香他参加，他念佛也拜佛。

他是个从来没吃过素的人，他在家每天是吃大鱼大肉，而这次他参加佛七吃了七天的素。

他是从来没有皈依三宝的。这次佛七，他皈依了三宝，还有受八关斋戒。虽然他以后几天晚上吃东西，可是佛七第一天，他晚上没吃东西。

以他受八关斋戒的功德，以他吃素七天的功德，以他皈依三宝的功德，所以他得到感应。

譬如说，有些人初次信佛就参加佛七，他会得到感应，而有些人信佛很久，常参加佛七而没有得到感应，为什么呢？

因为初信佛的人，给他得到感应，会加深他的信心。已经信佛的，不必给他感应，他还是信佛。这也就是护法神给他感应的缘由。

12　观音梦中叫醒母女获救

当事人边振芬

钱太太这个人结婚很早，大概十六岁的时候就结婚，十七岁就生孩子。她是北方人，家庭环境并不怎么好。

她自己也说一个故事，当她在做小孩子的时候，与她妈妈住在一起，信奉观世音菩萨，她们住的是旧式的老房子，墙壁是土制的，屋顶上是铺盖茅草的，有一个大风雨的晚上，她与母亲俩正在床上睡觉，忽然听到有女人对她们讲话的声音，叫她们“赶快起来”。于是她就将她妈妈叫醒，她们才离开床，人还站在床边，突然旁边的泥墙整片倒下来，正好压在她们的床上，如果她们俩当时不起来的话，就可能会被压死在床上。

这是她年轻时所得到的感应，一个人到危难的时候，平时你念哪一尊佛，哪一尊佛就会给你感应，尤其是观世音菩萨更会寻声救苦。

13 菩萨为我开刀缝针

当事人郑阿菊

有位老太太郑阿菊，住苗栗，通宵镇通西里福智寺人。

郑老太太身体很棒，可是，她手臂的痛楚，已是多年了，她打佛七，求观世音菩萨为她治病，因此她打坐时，经常将手臂露出来，当时虽是春天，但气候还是很冷，但她把大袍的袖子，撩得高高的，一副让人看病的模样，脸上时而痛苦，时而悦乐，当时大家也都不在意，绕佛时，她人矮，背又驼，跑西方的时候大家速度很快，她都能跟上，把两袖撩起，垂着双臂跟着跑，看到她的样子，大家都觉得好笑，把她当笑话看，可是七天里，观世音菩萨替她治病的感应，其经过确是不可思议的。

有一天，纠察师慈宗法师与护七陈明造居士查巡房间，大家都在念佛，她一个人，却独自躺在床上，一只手露在被子外，护七陈居士看到她年纪大，躺在床上睡着了，被子没盖，又怕她着凉，就替她将被子拉了一拉，将手盖进去。这一盖，她连说："不得了，不得了，观世音菩萨正在与我动手术缝针，你们这一动，好了，把缝针弄断了。"她急得大喊。大家都觉得好笑，她又请观世音菩萨重新再动一次手术，这一次，不准任何人碰她，手露在外面，第二次，清觉寺的住持慈琛法师来看她，她一直摆手，要慈琛不要过来动她，说，菩萨正在动第二次手术。就这样经过菩萨为她治疗，多年手痛的毛病好了。

这也是一种奇特的感应，在她本身说来活龙活现似的，菩萨什么时候来，什么时候看，什么时候替她开刀动手术，大家因为她说话颠颠倒倒没有当成一回事。事实上，她病好了，也是令人不可思议的一件事。

14 失去了四样东西

当事人张致良

第二十四届的佛七在一九七四年四月初一开始。

当时，有位张致良居士，是凤山某军事学校的军官，皈依印顺法师，这个人是一位虔诚的居士，曾受过菩萨戒，有时，到凤山佛教莲社参加课诵。

张居士的学问很渊博，文章更是不凡，平时很不服人，讲话很幽默，在佛七圆满结束，开检讨会时，他就很幽默地说出了佛七中的感应，如下：

“各位师兄、师弟，你们在这个佛七中得到了许多宝贵的东西，而我却什么也没有得到，反而失去四样东西，这话怎么说呢？第一，我这个人，一向好辩，不服输，人家讲话，我总认为不对，非得与他讲理辩赢不可。可是，佛七中禁语，既然连话都不能讲，我还辩什么呢？所以失去我讲话的机会。

“第二，我虽然皈依佛教，可是傲气依然，见到法师、三宝弟子理应顶礼，可是我却从来不曾顶礼过。到寺庙拜佛，我一定要在大殿中间的蒲团上拜，这次佛七，许多师兄、师弟在水泥地上拜佛，原本不常拜佛的我，这一次也深受感动，一天八百拜，同时开始在水泥地上拜佛，骄傲之气也在无形之间消失了。

“第三，我是从不流泪的人，身为男子汉大丈夫，有泪不轻弹，怎可随便掉眼泪呢？可是佛七中，我流过许多的眼泪，也可以说我失去了许多的眼泪和鼻涕。

“第四，多年来，我患有偏头风与耳鸣症，看过许多中、西医，吃了不少药，也打了不少针，却怎么也没治好，就像朋友似的跟了我很多年。可是在佛七第五天，我在浴室洗澡时，这多年的耳鸣症，竟不知不觉地消失了。

“各位师兄弟：大家在佛七中都得到了很好的感应，而我，却失去了以上四种东西。”

张居士说话真是幽默，令人甚是赞赏，他得到那么好的感应，反而说他失去了四样东西，真是塞翁失马，诚然是福啊！

佛七回来之后他曾投稿《觉世旬刊》，报告他参加精进佛七的经过，另外，台北普门讲堂的住持陈清达居士，也在《宝筏月刊》上刊登了此件事迹。

15 好汉坡前未丧命，十八年痼疾拜佛愈

当事人释庆慧

第卅届精进佛七是一九七五年三月十八日开始的。

这个佛七完全是为出家人举办的。大约有三十几位，来自各佛学院毕业的学生，而现在都是在各寺院担任住持、监院的职位。

庆慧师，三十六岁，弘定法师的弟子。住在屏东潮州镇法兴寺。

她是位老实的比丘尼，在十八年前，当时她还是个十八岁的女孩子。有一次，她到关子岭玩，由好汉坡上跌下来，结果脑震荡，回家又不敢对母亲讲。出了家之

后，脑一直没好，不能操劳过度、睡眠不足，否则就会头痛不止。

在佛七中，庆慧尼师，一天只睡四小时，拜佛两千拜，也不觉得头痛，好像在佛七最后一天，下午第三支香在念三皈依时，她的脑后似乎被人重打了一下，她也不敢回头看，以为是主七和尚打她，吓得不得了。

佛七结束后，庆慧师就将这件事告诉常持法师。常持师是逢甲学院毕业，跟随圣印法师出家，住在慈明寺，庆慧师出家近廿年，师父才答应让她出外参学，在慈明寺遇见常持法师，她们就一同来台东参加出家班精进佛七。

常持师说，我绝不相信主七和尚他会打人，主七和尚那么慈悲。

结七后，常持师就跑来问我："主七和尚您有没有打过庆慧师？"我说："我怎么会无缘无故去打一位尼师呢？"

很奇怪，庆慧师十八年来所患头痛的毛病，被这么一打，就给打好了，从此以后，头再也不痛了。这也是一桩很不可思议的故事。

16　我是汝母，特来谢汝

当事人释常般

另一感应故事是发生在常般师身上。

常般师是圣印法师的高足，她是住在雾峰万佛寺。她俗名叫林碧，现年二十八岁。家住彰化二水乡。

林父叫林科。母张氏，去年五月间，林母被客运公司的客车撞死。

常般师十八岁出家，整整出家十年，她是自己偷跑出来出家，林父不同意，所以常般师念佛学院的零用钱，都是林母拿给她花，真是可怜天下父母心。如今林母去世，常般师万分悲痛，也曾请圣印法师放焰口，自己也替母亲念经回向，至于林母有无得到没人知道。

她听说我们台东的精进佛七很有感应，她也想参加，她的师兄弟常持等一共有四人，很早就报好名，她临时想来，别人说台东地方小，去到那里也不知有无住宿之地，她为了要度母亲，管不了那么多，没地方睡就整夜在大殿拜佛、念佛。总之，她是下定决心，非到清觉寺参加佛七不可。由于她的意志坚定，她师兄们就带她一同到台东。

在佛七中，常殷师每天拜佛两千拜，很是用功，到了第六天早上吃过早斋的第一支香，绕佛归位，静坐时，她觉得似梦非梦，灵魂好像出窍，在外面走廊看到一条蛇。普通蛇都是爬行，而这条蛇是用跳的，一跳跳过她的头，落在她的前方，四周来了很多人围看这条蛇，蛇口中吐血，血迹变成八个字：“我是汝母，特来谢汝。”使她惊奇的是，这八个字完全是她母亲的笔迹。

她一回想，她母亲是车祸而死，她来超度她母亲，现在她母亲来谢她，她突然放声哭了起来，这一哭，人醒了，她正在打坐，休息十分钟，还没完全清醒，她痛哭流泪很伤心。

佛七结束，在检讨会上，她并没有将此事向大家宣布。

她原先想在佛七中，对她母亲有所交代，而祈求得到感应。她私下做了个决定，如果得不到感应，就不回去。可是她得到感应，她还是舍不得离开清觉寺，因为再过三天，又有佛七要开始，她们同一期的出家人大概有六七人决定留下参加下一届精进佛七。

常殷师第二个佛七，也得到感应，她每天二千拜，拜佛而将不易治疗的痔疮病给治疗好了。这种痔疾很痛苦，人辛苦了就发病，排泄硬便，出脓流血，这次只顾拜佛也忘记此病，从此不再发了。

后来她听说我要到澎湖打精进佛七，她又跟着去打，常殷师仍然保持一天两千拜，在澎湖佛七期间，她也得到一种感应，在她拜佛的周围，有一种香味，这香味从来没闻过，离开她拜佛的范围就闻不到。

又有一件奇怪的事，她拜佛时，旁边就有一个女人跟着拜，女人的一双手，很白嫩，有生以来没见过这么漂亮的一双手。她拜下去，那女子也拜下去，她起来那女子也起来，可是旁边又看不到有人。她几次想捉住那双手，可是又不敢。

常殷师是个很调皮、很聪明的女孩子，她说，她出家十年，在她母亲未死之前，从没拿念珠念过佛。成天忙着做学问、做事，本身又好玩。

佛七圆满了，她来信，具名是受恩者。她整个人生观的改变就是由佛七开始，向道修行、拜佛、念佛，对佛教信仰心的坚定也由此开始。所以说一个人不管是出家，还是在家，对宗教的信仰不够踏实，总会动摇初发心，受环境打击，境界迁移，外界引诱，出家人甚至于会还俗，而女人对佛教的信心不够坚定，她的信仰就不易坚持到底。这种例子我见到很多。所以要将信仰踏实，一定要下苦功修行。自己亲自领受感应到的经验，才能坚定信仰之心。如此才算作是一真正的佛教徒了。

常殷师就是肯下苦功修行，自己既能得到受用，信心坚定，也就不易退道心了。

17　全家素食，全家参加佛七

当事人张心义

讲佛教的感应，就想起凤山的一位老信徒张心义，他是上校军官，这个人修持、为人都很好，尤其是他的忍耐性很大，他的太太是基督教徒，他们俩结婚多年，一直是各人信各人的宗教。

可是大多数的基督教徒，都有排外性，不能容忍外教徒，张居士时常带些佛教书刊，或是佛像回家，但张太太常将这些书撕掉或丢掉，但张居士都能容忍。

时间久了，张太太就拿起来看看，她看了佛教的书，觉得很有道理，渐渐思想改变，倾向于佛教。现在夫妻俩人都受了菩萨戒，一同吃长素，儿女也吃长素，他们全家人吃长素，已有十几年之久。

张居士他学袁了凡，一切向内求，由自己的心性、德行着手。修天爵以求人爵，如今家庭美满，事业有成，全家四口，每个人都参加过精进佛七。

他的女儿张慧萱，算命先生说她命中注定念不了大学，张居士教他女儿，每天上学、放学的时候，在公路局车上念《心经》，张慧萱一上车，闭上眼睛，就念二十一遍《心经》，高中三年级时，持续了一整年，同时还在佛前发愿，如果考上大学，就一直吃长素，大专联考过后，她与母亲一同去台东清觉寺参加佛七，在佛七中，慧萱居然预感到考上了辅仁大学，在未放榜前，她就告诉她妈妈说，她可能考上辅大，同时学校情形也看到。回家后，通知单寄来，果然是考上辅大外文系。

我们照这个故事看来，本来是完全办不到的事，却能照要求做到。这是他们行善做功德、拜佛、念佛、虔诚地求，得来的。张慧萱上大学后，连着参加两次佛七，以报佛恩。这虽然不是什么特殊的事，但是值得我们修学佛法的人作为榜样。

只要我们虔诚，加上佛力支持，终于会转变业力。并非古人所说“命中有来终须有，命中若无莫强求”，“生死有命，富贵在天”，这些都是定命论。

佛教却不讲这些定命论，而是“求官禄，得官禄；求长寿，得长寿；求富贵，得富贵；求男女，得男女”。

《药师经》上与《法华经·普门品》上都有如此经文，只要我们虔诚求，一定是有求必应。

出版后记

星云大师说："我童年出家的栖霞寺里面，有一座庄严的藏经楼，楼上收藏佛经，楼下是法堂，平常如同圣地一般，戒备森严，不准亲近一步。后来好不容易有机缘进到藏经楼，见到那些经书，大都是木刻本，既没有分段也没有标点，有如天书，当然我是看不懂的。"大师忧心《大藏经》卷帙浩繁，又藏于深山宝刹，平常百姓只能望藏兴叹；藏海无边，文辞古朴，亦让人望文却步。在大师倡导主持下，集合两岸近百位学者，经五年之努力，终于编修了这部多层次、多角度、全面反映佛教文化的白话精华大藏经——《中国佛教经典宝藏》，将佛教深睿的奥义妙法通俗地再现今世，为现代人提供学佛求法的方便途径。

完整地引进《中国佛教经典宝藏》是我们的夙愿，

三年来，我们组织了简体字版的编审委员会，编订了详细精当的《编辑手册》，吸收了近二十年来佛学研究的新成果，对整套丛书重新编审编校。需要说明的是此次出版将丛书名更改为《中国佛学经典宝藏》。

佛曰：一旦起心动念，也就有了因果。三年的不懈努力，终于功德圆满。一百三十二册，精校精勘，美轮美奂。翰墨书香，融入经藏智慧；典雅庄严，裹沁着玄妙法门。我们相信，大师与经藏的智慧一定能普应于世，济助众生。

东方出版社

图书在版编目（CIP）数据

精进佛七开示录／煮云　著. —北京：东方出版社，2015.9
（中国佛学经典宝藏）
ISBN 978-7-5060-8474-1

Ⅰ. ①精… Ⅱ. ①煮… Ⅲ. ①佛教—研究 Ⅳ. ①B948

中国版本图书馆 CIP 数据核字（2015）第 249268 号

精进佛七开示录
（JINGJIN FOQI KAISHILU）

作　　者：煮　云
责任编辑：查长莲
出　　版：东方出版社
发　　行：人民东方出版传媒有限公司
地　　址：北京市东城区东四十条 113 号
邮政编码：100007
印　　刷：三河市中晟雅豪印务有限公司
版　　次：2016 年 12 月第 1 版
印　　次：2016 年 12 月第 1 次印刷
开　　本：880 毫米 ×1230 毫米　1/32
印　　张：8
字　　数：160 千字
书　　号：ISBN 978-7-5060-8474-1
定　　价：36.00 元
发行电话：（010）85924663　85924644　85924641